KK·77

GRAMMAIRE
ESPAGNOLLE,
MISE ET EXPLIQVEE
EN FRANÇOIS.

Par CESAR OVDIN, Secretaire Interprete
du Roy, és langues Germanique, Italienne,
& Espagnolle, & Secretaire ordinaire
de Monseigneur le Prince
de Condé.

A PARIS,

Chez ESTIENNE ORRY,
ruë Sainct Iacques.

M. DC. XII.

A MONSIEVR

HENRY DE LOMENIE,
CONSEILLER DV ROY,
ET SECRETAIRE
de son cabinet.

MONSIEVR,
I'eusse bien desiré remettre ceste troisiéme reueuë,
au retour d'vn voyage que i'ay en-
trepris, d'autant que i'esperois,
moyennant la grace de Dieu, d'en
rapporter quelque fruict, qui eust
peu seruir à amplifier mon dessein,
mais par-ce que les occasions ne se
presentent pas tous les iours selon
nostre desir: ie n'ay point voulu ne-
gliger ceste-cy, qui s'est offerte au-

á ij

cunement à propos, encor qu'vn peu tard pour moy, toutesfois l'on dit communément, quand il est question de quelque bonne affaire, qu'il vaut mieux tard que iamais : Or voyant que trois editions de ce petit recueil s'estoient desia escoulees, & qu'il n'y en restoit plus aucun exemplaire, ie n'ay pas voulu laisser les studieux & amateurs des langues sur leur appetit, ny aussi ne m'a semblé raisonnable de permettre qu'il fust r'imprimé en mon absence, & sans l'auoir repassé, craignant qu'outre les fautes qui pourroient estre eschappees en l'impression derniere, il ne s'en glissast encor d'autres en ceste-cy; considerant de plus qu'il y a tousiours dequoy adiouster à quelque œuure que ce soit, & particulierement en matiere de langues, où il n'y a iamais de fin, car de iour en iour on inuente des mots nouueaux, dequoy vous pouuez competemment iuger, pour estre si bien versé en plusieurs, principalement en l'Italienne, & (ce qui est admirable) en la plus difficile de l'Europe, à sçauoir l'Allemande : Ie ne touche point à celles-là, ny aux autres sciences, qui s'apprennent és Vniuersitez, par-ce que la soigneuse vigilance de monsieur vostre Pere, & la studieuse diligence des bons maistres, dont vous auez esté assisté, y ont suffisamment pourueu. Ie croy bien que par mesme moyen, vous ne manquez point de quelque bon fondement & principe en ceste-cy, tellement que ce que ie vous veux presenter, n'est pas en intention de vous y beaucoup fortifier, mais c'est afin que ceux, qui se voudront encor seruir de ce ramas, cognoiſſent que ie ne me ſuis point meſpris, de vous auoir choiſi, comme vn moyen pour leur communiquer, auec vne aſſeurance que reciproquement eux & moy aurons, que vous ſçaurez tres-bien iuger de ſa valeur, ſi tant eſt qu'on luy en puiſſe attribuer aucune, pour moy en particulier i'ay vne ſi bonne confiance, que ſi vous le daignez accompagner de la moindre faueur, qu'il ſera encor mieux receu, qu'il n'a eſté par cy deuant: Ie vous ſupplieray doncques de ne luy point refuſer ceſte grace, ainſ l'aduoüant pour voſtre, le receuoir auec autant de volonté, que ie deſire, apres vous auoir baiſé treshumblement les mains, d'eſtre,

MONSIEVR,

Voſtre tres- humble ſeruiteur,

CESAR OVDIN,

AVX STVDIEVX
ET AMATEVRS
des langues.

MESSIEVRS,
I'auois proposé de faire vne Addition au Dictionaire Espagnol que i'ay intitulé Teforo de las dos lenguas Francefa y Española, *mais voyant que le recueil que i'auois fait, tant de ce qui m'auoit esté communiqué par personnes bien versees en la langue Espagnolle, que de ce que i'ay peu ramasser de la lecture continuelle que i'y fais, n'estoit à mon gré suffisant pour contenter les curieux, & ayant trouué vne bonne occasion, ie ne l'ay voulu laisser eschaper. Considerant aussi que les ruisseaux d'où ie pouuois tirer quelque liqueur, estoient aisez à desseicher,*

á iiij

i'ay esté bien aise, d'aller iusques à la fontaine, où i'espere puiser & boire, comme on dit, à gogo, de la plus claire & pure substance qui y soit, en intention de vous en faire part à mon retour, s'il plaist à Dieu m'en faire la grace : & cependant conseruez moy en la vostre.

A MONSIEVR
OVDIN.

Qvand les Geans, pour conquerir les Cieux,
Entr'-éleuoient d' vn cœur audacieux
La tour Babel, außi toft vn meflange,
Vn pront difcord, vn embaras eftrange
Les vint faifir, & leurs ouuriers, perclus
De iugement, ne s'entendirent plus.
  Dieu, qui voulu refrener leur audace,
Leur feit fentir vne telle difgrace,
Qui dure encore en maints pays diuers
Par les cantons de ce large Vniuers.
Si que le Monde alloit en decadence,
Pied-contremont, perdant l'intelligence,
Quant ce bon Dieu commun pere de tous,
(Rendant fes yeux plus ferains & plus dous)
Tranfmit d'en-haut en la terre où nous fommes
Des truchemans, pour rejoindre les hommes
Par la hantize & le premier difcours,
Dont leurs ayeux auoient tranché le cours.
  Par eux les Roys, & par eux les grands Princes
Des larges Mers, des loingtaines Prouinces
Viuent enfemble, & par eux tout eft joint
D'où Phebus tombe, & d'où le iour nous point.
Mais entre tous, ou foit du premier âge,
Ou du prefent, tu gaignes l'auantage
Sçauant OVDIN : tant & tant de Flamans,
D'Italiens, d'Efpagnols, d'Alemans,
Comtes, Barons, tant de François encore,

Princes, Marquis, dont la Grandeur t'honore,
En sont tesmoins, & la gloire de pris,
Et la valeur de tes rares escris.

　Par ton moyen, par ta riche parole,
Sans voyager de l'vn à l'autre Pole,
On est sçauant, & par toy les François
Enuironnez de Princes & de Roys
De toutes parts, en ont la cognoissance :
Mais te loüant, honorant ta science,
Il faut (O V D I N) qu'en ce dernier escript,
Non sans raison ie blasme ton esprit.
Si ta Grammaire est faite pour instruire,
Si ta Grammaire est faite pour conduire
Les Ignorans au comble du sçauoir,
Tu faux vray'ment, tu manques au deuoir,
Et les vergers tu pares de verdure,
Quand les Iumeaux reparent la Nature
Au plus beau mois, la dediant à ceux
Qui tel sçauoir ont tousiours auec eux,
Ha ! i'entens bien quel dessein te manie,
Tu ne veux pas instruire L O M E N I E,
Tu l'as choisi pour te donner couleur,
Et pour inger du pris de ta valeur.

　　　　　　　　　　　　　　　C.

TABLE
DES CHAPITRES, ET
AVTRES CHOSES CON-
tenuës en la preſente
Grammaire.

PREMIEREMENT.

ſis ſſage 90. comō tre.

F I N.

GRAMMAIRE
ESPAGNOLLE,
MISE ET EXPLIQVEE
EN FRANÇOIS.

PAR CESAR OVDIN.

Des Lettres, & de leur pro-
nonciation.

IE n'ay pas eſtimé eſtre à propos d'a-
muſer les Lecteurs, aux definitions
& diuiſions de Grammaire, veu
que ceux qui ſont verſez aux bonnes lettres, n'en ont que faire, &
ceux qui ne ſçauent que le François, n'en pourroient
pas faire leur profit. Parquoy ie me contenteray de
monſtrer, entant que faire ſe pourra par eſcrit, la
difficulté qu'il y a en la prononciation Eſpagnolle,
laquelle (comme principale partie d'vne langue)
conſiſte à ſçauoir exprimer premierement les lettres, puis les ſyllabes, & finalement les dictions :
en apres ie viendray aux parties de l'oraiſon, que
i'eſclairciray le mieux qu'il me ſera poſſible. Il eſt
donc neceſſaire en premier lieu, de former l'Alpha-
bet Eſpagnol, lequel eſt comme s'enſuit.

A

A	a.	m	emé.
b	bé.	n	ené,
c	cé.	ñ	ené con tildé,
ç	ç con cedilla.	o	o.
d	dé.	p	pé.
e	é.	q	cou.
f	éfé.	r	erré.
g	fché.	s	efé.
h	atch.	t	té.
i	i.	v,u,	ou.
jota, *qui fe pro-*		x	equis.
nônce comme		y	y griega.
fchota.		z	cé, *et felon aucuns*
l	élé.		zé.
ll	élé élé.		

Pour cefte derniere prononciation du z qui fe rappor-
te à celle de noftre François, et auffi à noftre f quand
il fe trouue entre deux voyelles, elle n'eft nullement
Caftillane, ce que i'ay foigneufement remarqué par la
praêtique que i'ay peu auoir des naturels Caftillins.

   Or toute la difficulté et difference qu'il y a de la lã-
gue Efpagnolle aux autres, confifte en ces dix lettres,
b,ç,g,j, ll, ñ, u vocale, et v confone,x,z. et en ces
deux, ch, iointes enfemble.

   La premiere eft le b, lequel s'efcriuant indifferem-
ment pour l'v confone, et reciproquement l'vn pour
l'autre,n'a que la mefme prononciation, non toutesfois
comme le b, ou v François, qui ont vne difference re-
marquable,mais ainfi que les Gafcons le prononcent,ou
comme le vv des Allemands,et pour les bien pronôcer,
faut prendre garde de ne battre les levres l'vne contre
l'autre,ains laiffer vn peu d'efprit libre entre icelles. Et
pour preuue de cecy on trouue fouuët l'vn et l'autre en

mefmes diƈtiõs, comme Sábana, & Sáuana, ʒn linceul
ou drap de lit: Sábio, & Sáuio, fage, & ainfi quafi de
tous: toutesfois il faut noter que c'eſt deuant la voyelle,
& non pas deuant les confonantes liquides l & r, car
on ne mettroit pas promptement haular pour hablar,
parler; ny homure au lieu de hombre, homme, qui
apporteroit ʒn autre inconuenient, ce neantmoins il ne
faut pas laiſſer de faire fonner ledit b comme és autres
diƈtions deuant la voyelle.

La feconde eſt le ç, appellé en Efpagnol c con ce-
dilla, ou cerilla, qui ne fe met que deuãt a, o, & u, &
vaut autant que le c ordinaire mis deuant e & i, ou
que l's; ce qui eſt facile à cognoiftre en noſtre langue, en
ce mot, François, où le c vaut s: & fe trompent ceux
qui en efcriuant Efpagnol mettent ledit ç deuant e
ou i, où il eſt fuperflu.

Il fe trouue des diƈtions Efpagnolles efcrites par fc,
& par c fimple: mais la prononciation en eſt fembla-
ble, comme merefcer, & merecer.

La troifiefme eſt g deuant e & i, lequel fe prononce
plus rudemẽt qu'en noſtre langue, & fe forme au palais
de la bouche repliant le bout de la langue en haut, & la
pouſſant vers le gozier, & à quelque affinité auec noſtre
ch François. Mais deuant a, o, u, il a la mefme prononciation qu'és autres langues.

La quatriefme eſt j confone que les Efpagnols appellẽt
jota, & le prononcent quafi còme Íchota, retournãt la
pointe de la langue vers le haut du palais, & au dedãs de
la gorge, & non pas còme y ota, en faifãt trois fyllabes.

Faut noter qu'il y a grãde affinité, ou pluſtoſt n'y a aucune differẽce de prononciation entre le g, mis denãt e,
ou i: le jota qui fe met denãt a, o, & u: rarement denãt
e, & iamais denãt i: & l'x (que les Efpagnols nommẽt

equis ou ecqs) qui se ioint à toutes ies voyelle: car i'ay
remarqué des mots escrits indifferemment par ces trois
lestres; comme tixeras, tigeras, & tijeras, qui signifie
des ciseaux, trabajo, ie l'ay leu trauayo & trabaxo,
trauail. Et se peut cognoistre ladite affinité au moins du
g & du jota, en ce que quand la diction se trouue es-
crite par g deuant e, ou i, en quelques modes des verbes, & que la voyelle immediatement suiuante se chãge
en vne autre, à sçauoir en a, ou en o, en d'autres modes
desdits verbes, il faut semblablement changer le g en j:
Exemple, coger, Infinitif fait en l'Optatif & Conionctif, coja, & non pas coga, elinir se change en elija,
regir en reja, & plusieurs autres.

Je diray en passant, touchãt les deux autres i & y,
qu'on ne les doit pas confondre en escriuant l'vn pour
l'autre, ains faut sçauoir que l'i simple, se ioint tousiours
aux consonantes en mesme syllabe deuant ou apres, comme en ce mot infinito; quelquefois aussi il fait syllabe à
part, comme en la premiere de ce verbe imitar; & ne se
met gueres souuent en diphtongue, si ce n'est en suite de
quelque consonante, comme en gracia & gloria. Mais
l'y se ioinct aux autres voyelles pour faire diphtongue;
comme en yazer, yugo, mayor, & autres; & quelquesfois il fait syllabe à part, comme en leydo & oydo,
qui sont trissilabes: quelquesfois aussi il se met auec la
consonante, mais ce doit estre deuant icelle, & au commencement de la diction, comme en yzquierdo, yçar,
yr, & quelque peu d'autres.

La cinquiesme est le double ll, qui a vne prononciation grasse, telle qu'és mots François qui ont vn i deuant
ledit ll, comme sont ceux qui suiuent: fille, quille, pareil-
le, bataille, canaille, & autres, mais il est bien à noter,
quand la diction Espagnolle commence par ledit doubl

ll, *qu'il ne le faut pas prendre comme s'il y auoit vn* i *deuant iceluy* ll, *ains se representer quel son il peut auoir estant separé dudit* i, *comme pour exemple,* llaga *ne s'exprimera pas comme ayant* i *deuant soy, car on diroit* illaga, *trissyllabe, estant seulement dissyllabe: ains partissant le mot François,* fille, *en deux de ceste maniere,* fi-lle, *sera fort bien de prendre la seconde partie (i'entens le son d'icelle)* & *l'appliquer à la diction Espagnolle, qui commencera, comme i'ay dit, par ledit* ll *deuant quelque vocale que ce soit. Il faut icy excepter quelques dictions qui sont plustost Latines ou Italiennes qu'Espagnolles, comme* Illustre, Exellente, Camillo, Tullio, & *autres, esquelles ledit* ll *double ne se doit prononcer;* & *mesmes ceux qui escriuent bien, les mettent par* l *simple en ceste sorte,* Ilustre, Exelente, Camilo, Tulio, *qui est beaucoup mieux.*

*La sixiesme est l'*ñ, *appellé* n tilde, *ou bien* n contilde, *qui est à dire* n titre, *laquelle vaut autant que nostre* gn, & *s'appelle par aucuns en Espagnol* gné, *qui se prononce comme la derniere syllabe de* accompagné. *Exemple,* señor *se lit comme* seignor; *quelquefois il se trouue des mots escrits par deux* nn, *mais c'est faute de ce charactere* ñ, *aussi n'est-ce qu'és liures qui sont imprimez hors d'Espagne: ioinct que les Espagnols ne redoublent point de consonante que l'*r & *l'*l, & *quelquefois l'*m, *deuant laquelle ils mettent le plus souuent vne* n, *comme* enmendar, *au lieu de* emmendar.

La septiesme est u *vocale, qui en Espagnol,* & *quasi en toutes les autres langues estrangeres, se prononce comme,* ou.

*La huictiesme est l'*v *consone, qui n'est en rien different du* b, *comme i'ay dit cy dessus, parlant dudit* b.

La neufiesme est x, *qui se profere fort rudement de-*

A iij

uant la vocale, & quelque peu plus que le jota, encor
qu'il y ait grande affinité entre elles, mais l'x est aucunement plus guttural.

Notez que quand l'x est en la diction composée de la
preposition ex, qui a en suite vne consonante, alors elle
retient sa prononciation naturelle, qui est commune aux
autres langues: et la raison de cela est, que l'x n'a pas
le son rude, si elle n'est iointe à la voyelle, immediatemēt
devant ou apres. I'ay leu quelquesfois escepto et ece-
pto pour excepto: espresso pour expresso, & d'autres encor qui changent l'x en s, devant la consonante.

La derniere est z, qui quelquesfois se prononce plus
rudement que le c ou l'ſ, quasi comme nostre z François,
mais le plus souvent elle a le mesme son que ledit c, &
ay veu bien souvent escrit hazer, pour hazer, liēço
pour liēnzo; baço substantif qui signifie la rate, ou
baço adiectif qui veut dire bis, comme pan baço pain
bis; ie l'ay veu escrit vazo, mettant l'v pour b, & le z
pour t, & si on le considere és dictions qui se terminent
par ledit z, on trouvera qu'il ne differe en rien de l'ſ
finale, horsmis qu'il se prononce auec accent graue.

Le ch se prononce quasi comme tch, en faisant battre la pointe de la langue contre le palais de la bouche,
& serrant plus les dents & les levres, que nous ne faisons en prononçant nostre ch François: comme pour
exemple Mucho se lit ainsi, moutcho: toutesfois il
se faut donner de garde de faire sonner le t separé-
ment, car on y feroit vne syllabe de plus.

Quant au reste des lettres, ie n'y trouue aucune difference de prononciation, soit auec la langue Françoise, ou
autre estrangere, seulement le q se prononce cou, &
non cu, comme en François.

Ce ne sera sans propos de dire icy que le gu Espagnol

ne se prononce pas comme le nostre: car il n'y auroit aucune difference d'auec l'ñ; ains comme si le g estoit separé d'auec l'n, digno se lira dig-no: et mesmes les Espagnols laissent souuent le g, mettans dino pour digno, sinificar, au lieu de significar.

L'r se prononce fort dure, comme erré, et l's comme esé. I'adiousteray icy que les Espagnols ne mettent iamais le t ayant nature du c, comme en ces mots, gracia, acion, dicion, intencion, et infinis autres, vous n'y trouuerez point le t deuant l'i, parce qu'iceluy t se pronõce tousiours d'vne sorte, comme en ces diétions, Titiro, Tiberio, Tirano, etc.

Apres auoir parlé des lettres simples, il ne faut pas obmettre la pronõciatiõ de ces syllabes gue et gui, et de que et qui, d'autãt qu'elles ne se prononcent pas cõme és autres langues estrangeres, ains propremẽt comme en François, et ainsi que les Italiẽs escriuẽt et prõnõcẽt ghe et ghi, pour gue, & gui: et che chi pour que qui; et n'y a aucune exceptiõ de que et qui, mais bien y en a de gue, esquelles on oyt distinétement l'v, comme sõt aguelo, ayeul, cigueña, cigoigne, aguero, augure, guero, vn œuf couuy, verguéça, vergogne, Siguéça, nom propre de ville en Espagne, Yangueles, nom de certaine nation aussi d'Espagne, garguero, le gosier ou la gorge, halagueño, flateur ou celuy qui caresse, pedigueño, suffre, petulãt, folastre, piguela, piege ou attache d'oiseaux de praye, regueldo, nom, qui signifie vn rot; ou verbe, qui veut dire, ie rotte; deguello, ie tréche la teste, ou ie esgorge, lesquels viennent de regoldar, et de degollar, chãgeant l'o de l'infinitif en ue, en quelques temps et personnes de leur coniugaison, cõme il se verra en parlãt des verbes, vnguéro, anguent; quéto et cinquéta, sont de ce nombre quãd ils se trouuent.

escrits par q, d'autant que plusieurs les escriuent ainsi :
cuento, *&* cincuenta, *qui est leur propre ortographe,*
principalement de Cuento, *qui vient de* Contar : *pour*
Cincuanta, *ie ne le voudrois pas contester.*

Aussi suiuent la mesme exception les verbes qui ont
guar *en l'Infinitif, où en leurs coniugaisons ils se ren-*
contrent auoir gue ; *comme,* menguar megue ; aguar
ague ; fraguar frague ; aueriguar auerigue, *& au-*
tres lesquels tous se prononcent faisant sonner l'u, com-
me dit est.

De gui, *ie n'ay remarqué que* arguyr *qui soit excepté,*
& se pronõce côme argouyr, *ainsi distingué* argou-yr.

Il faut aussi noter qu'il y a quelques diction qui
s'escriuent souuent par qua, *côme* quasi *&* qualidad,
esquelles l'u ne se prononce point, ainsi casi *&* cali-
dad, *aussi est-ce leur vraye ortographe.*

Au contraire de cecy, Nebricense *en son Dictionnaire*
met par cua *les mots qui naturellemēt se doiuent escrire*
par qua, *comme* quando, quaderno, quarenta, *&*
plusieurs autres, qu'il escrit cuãdo, quaderno, cuarē-
ta, *estimant peut estre que le* qua *se prononce, ou doiue*
prononcer, comme le que, *ne faisant point sonner l'u.*

De l'article.

Ayant dit des lettres, il faut venir aux dictions, qui
sont les parties de l'oraison, la premiere desquelles est
l'article qui seul se decline & sert à la declinaison des
autres parties declinables, n'y ayant autre moyen de co-
gnoistre la variation des cas que par iceluy.

Il faut donc sçauoir qu'il y a trois articles en la lan-
gue Espagnolle, & de trois genres comme les noms, bien
que quant aux noms és langues vulgaires, il ne s'en re-
marque que deux, le masculin & le feminin ; du neutre

les Allemans l'ont: quant aux Espagnols ils n'ont que l'article, mais point de noms, au moins qui soyent substantifs. Le masculin est el, le feminin la, & le neutre lo, & se declinent comme s'ensuit.

Declinaison de l'article masculin.

	singulier.	Plurier.
Nom.	el, le,	los, les
Gen.	del, du	de los, des
Dat.	al, au	a los, aux
Accus.	el, al, le	los & à los, les
Ablat.	del, du	de los, des.

De l'article feminin.

	singulier.	Plurier.
Nom.	la, la	las, les
Gen.	de la, de la	de las, des
Dat.	à la, à la	à las, aux
Accus.	la, & à la, la	las, & à las, les
Ablat.	de la, de la	de las, des.

Le Neutre.

singulier.

Nom.	lo,	Accus.	lo.
Gen.	de lo,	Ablat.	de lo.
Dat.	à lo,	Il n'a point de plurier.

Quant à cet article lo, il ne se peut appliquer à aucun nom, mais plustost semble estre pronom demonstratif, ou relatif du genre neutre, qui ne se ioint à aucun nom substantif ny adiectif, aussi qu'il n'est besoin d'article neutre en la langue qui n'a point de noms neutres.

Il s'en donnera des exemples, en parlant des pronoms en general, où il se monstrera estre tantost demunstratif, tantost relatif.

De l'vsage des articles & premier du Masculin.

L'article el se met tousiours auec les noms du genre masculin, commençans par voyelle ou par consonante, & quelquesfois se ioint aux noms feminins, principalement à ceux qui commencent par a, & ce pour euiter le mauuais son de la rencontre de deux a, comme pour exemple : El anima, el agua, sonnent mieux que ne feroient la anima, la agua, esquels il seroit besoin ouurir la bouche fort grande (comme quand l'on baaille) pour redoubler l'a.

Le susdit article el, renuersé qui fait le, souuentesfois se met à la fin du verbe, & lors il est relatif, comme llamadle, dezidle, qui en François signifient, appellez-le, dires luy.

Il faut icy dire en passant, que les Espagnols ont vne maniere de parler à la seconde personne, vsant de cet article el, & le, au lieu de vos ou de vuestra merced : d'autant que vos, estant parole abiecte, s'vse encore moins que nous n'vsons de tu en François : mais ce tiltre de vuestra merced, estat aussi trop pour toute sorte de personnes, ils ont ce moyen qui est ceste troisiesme personne, prenant l'article el, & le, comme dit est, exemple : Si el quiere hazerlo ; y el que ha dicho ? que le digo ? que le dixo ? Qui se peut dire en François : Si vous le voulez faire. Et vous, qu'auez vous dit ? Que vous dis-ie ? Que vous a-il dit ? en quoy se peut voir qu'ils vsent de la troisiesme personne en parlant à quelqu'vn, au lieu de la seconde.

Et non feulement ils vfent de cefte façon de parler
auec l'article el ou le, mais fans iceluy, y eftant entendu auec le verbe, où aufsi fe peut fous entendre vueftra merced, l'ayant dit vne fois ou deux en parlant à
vne perfonne, & n'eftant toufiours à propos de le repre-
ter, comme aufsi en efcriuant, cela n'a pas la meilleure
grace du monde, d'en vfer trop fouuent.

Confideré aufsi que ce tiltre vueftra merced, n'eft
pas fi commun en Efpagnol, comme l'on void que ceux
du pays mefme en vfent, eftans par deçà, ou en quelques autres pays eftranges, mais c'eft pluftoft par vne
courtoifie affectee, qu'vne vraye obferuation de leur
langue. Et faut croire qu'ils vfent de cefte façon de
parler en tierce perfonne, pour ne point trop efleuer ny
abbaiffer celuy à qui ils parlent : mais fur tout, il faut
auoir égard à la qualité de ceux à qui nous parlons, s'ils
font plus ou moins que nous.

De l'article feminin la.

L'article la fe met toufiours denant es noms feminins,
comme la muger, la cafa, excepté ceux qui cõmencent
par a, comme dit eft, lefquels ont l'article mafculin el.
Cet article mis apres le verbe, prend la nature du pronom relatif, aufsi bien que l'article mafculin le.

De l'article lo.

Encor que i'aye dit cy deffus que lo n'eft pas proprement article, n'y ayant en la langue point de noms neutres fubftantifs, où il fe puiffe appliquer, fi eft-ce qu'il y
a quelques noms adiectifs faicts fubftantifs, aufquels il
s'adioint, comme lo bueno, lo malo, lo grande, le
bon, ou ce qui eft bon, le mauuais, ou ce qui eft mauuais,
le grand, ou ce qui eft grand.

Il se met außi auec le verbe, où il semble estre superflu,
& lors il est relatif ou demonstratif: exemple, Quando
dixeres todo lo aprueuo. I'approuue tout ce que tu
diras, ou pour dire par mesme phrase, tout ce que tu diras, ie l'approuue tout; en quoy se void deux fois la force
de lo, car au lieu de Quanto, il se pourroit dire, Todo lo que dixeres aprueuo, tout ce que tu diras ie
l'approuue: & ce pour autant que lo signifie, ce que, &
le: demonstratif & relatif.

Des noms, & de leurs genres.

Mon intention n'estant pas de former vne Grammaire auec toutes ses parties, ie ne m'arresteray à faire entendre les differences des nom, soyent propres au appel-
latifs, ny que c'est que substantif & adiectif, pour les
raisons que i'ay desia touchees, ie diray seulement de
quelques accidens, & premierement des genres, qui sont
deux en effect, bien qu'aucuns y trouuent le troisiesme,
faisans vn masculin, vn feminin: & vn neutre.

Les deux premiers se cognoistront en deux sortes, l'v-
ne par les articles el & la, l'autre par les adiectifs (ie
dy quant aux substantifs qui ont quasi touisours l'article ou adiectif auec soy) car par la terminaison il seroit
fort difficile de les pouuoir cognoistre, d'autant qu'il y a
des noms de tous les deux genres, qui ont vne mesme
terminaison, toutesfois ceux qui se terminent en o sont
quasi tous masculins, & n'en ay remarqué que deux feminins, qui sont la mano, & la nao.

il y en pourroit auoir beaucoup de feminins en a, &
plus que de masculins, mais pour estre incertains ce seroit vne confusion de les vouloir distinguer, & seroit
besoing d'vn gros volume pour les mettre tous.

Quant aux autres terminaisons, soyent en vocales ou consonantes, elles sont toutes communes aux deux genres, d'esquels ne se pourroit honnestemēt faire distinction, remettant le tout à l'vsage & à l'estude, de ceux qui seront diligens & curieux d'apprendre la langue.

Des terminaisons du nombre plurier.

Estant assez notoire que c'est que le nombre en Grammaire, il suffira de monstrer la terminaison des noms au plurier: car le singulier se cognoistra facilemēt par le discours, ou par quelque article adioint, finissant la pluspart en voyelles, & autres en certaines consonantes qui se verront cy apres. Il faut donc sçauoir que tous les nōs Espagnols qui se terminent en vocale au singulier, forment leur plurier en y adioustant vne s seule; comme, hombre, hombres; cauallo, cauallos, &c.

Mais ceux qui se finissent en consonantes au singulier, prennent es au plurier, entre lesquels sont aussi comprins ceux qui se terminent en y: Et pour les mieux cognoistre, faut sçauoir les consonantes finales, qui sont les suiuantes d, l, n, r, s, x, & z, de toutes lesquelles & de l'y nous donnerons exemples, premierement de ceux qui finissent en d.

Sing.	Plur.
Verdad,	verdades.
merced,	mercedes.
lid,	lides.
virtud,	virtudes.

Secundement en l.

Sing.	Plur.
Animal,	animales.

batel,	bateles.
badil,	badiles.
caracol,	caracoles.
azul,	azules.

En n.

Sing.	*Plur.*
Pan,	panes.
almazen,	almazenes.
celemin,	celemines.
blaſon,	blaſonnes.
atun,	atunes.

En r.

Sign.	*Plur.*
Peſar,	peſares.
muger,	mugeres.
martir,	martires.
dolor,	dolores.

En s.

Sing.	*Plur.*
Dios.	dioſes.
feligres,	feligreſſes.
mies,	mieſſes.
mes,	meſes.
montañes,	montañeſes.

En x.

Les terminez en x. changent quelquesfois ledit x.
en leur plurier, & prennent g. au lieu
d'iceluy, comme:

Sing.	*Plur.*
Carcax,	carcages.
relox,	reloges.

En Y.

Sing.	Plur.
Buey,	bueyes.
Rey,	Reyes.

En Z.

Sing.	Plur.
Paz,	pazes.
juez,	juezes.
perdiz,	perdizes.
boz,	bozes.
cruz,	cruzes.

En fin il se void que tous les pluriers finessent en s,
& ne se trouue que bien peu de singuliers qui l'ayent.

De la declination des noms Substantifs tant propres que communs.

Encores qui suffit de sçauoir decliner les articles, pour
sçauoir la declinaison des noms, ioint que lesdits noms
ne se varient point par les cas, ains seulement ledit article, comme il est dit cy dessus: si est-ce que ce ne sera
pas fait, de donner icy quelques exemples de diuerses
natures de noms, tant Propres que Communs, Substantifs ou Adiectifs, & de ceux qui semblent estre Neutres, ausquels se ioint l'article lo: outre ce qu'il faut entendre que les noms propres n'ont point d'article au
nominatif, ny à l'accusatif, & semble aussi qu'ils ne
en seruent és autres cas, mais de certaines particules
vi semblent estre, & de faict sont Prepositions, comme
au genitif de; au datif a, & quelquesfois aussi à l'accusatif: au vocatif ils ont l'Aduerbe o, & à l'ablatif
de comme au genitif.

Exemples des noms Propres.

Noms.	Pedro,	Catalina.
Gen.	de Pedro,	de Catalina.
Dat.	à Pedro,	à Catalina.
Accuf.	Pedro, *ou*,	Catalina, *ou*,
	à Pedro,	à Catalina.
Vocat.	o Pedro,	o Catalina.
Ablat.	de Pedro,	de Catalina.

Exemples des noms Communs.

	Sing.	*Plur.*
Nom.	El padre,	los padres,
Gen.	del padre,	de los padres.
Dat.	al padre,	à los padres,
Accuf.	el padre, *ou*,	los padres, *ou*,
	al padre,	à los padres.
Vocat.	o padre,	o padres.
Dat.	del padre.	de los padres.
	Sing.	*Plur.*
Nom.	El animal,	los animales.
Gen.	del animal,	de los animales.
Dat.	al animal,	à los animales.
Accuf.	el animal, *ou*,	los animales, *ou*
	al animal,	à los animales.
Vocat.	o animal,	o animales.
Ablat.	del animal,	de los animales.
	Sing.	*Plur.*
Nom.	El pan,	los panes.
Gen.	del pan,	de los panes.
Dat.	al pan,	à los panes.

	Sing.	Plur.
Accuf.	el pan,	los panes.
Ablat.	del pan,	de los panes.

	Sing.	Plur.
Nom.	El pefar,	los pefares.
Gen.	del pefar,	de los pefares.
Dat.	al pefar,	à los pefares.
Accuf.	el pefar,	los pefares.
Ablat.	del pefar,	de los pefares.

	Sing.	Plur.
Nom.	El relox,	los reloges.
Gen.	del relox,	de los reloges.
Dat.	al relox,	à los reloges.
Accuf.	el relox,	los reloges.
Ablat.	del relox.	de los reloges.

	Sing.	Plur.
Nom.	La muger,	las mugeres. *les femmes*
Gen.	de la muger,	de las mugeres.
Dat.	à la muger,	à las mugeres.
Accuf.	la muger,	las mugeres.
	o, à la muger,	o, à las mugeres.
Vocat.	o muger,	o mugeres.
Ablat.	de la muger.	de las mugeres.

Des noms Adiectifs, & de leur declinaison.

Les noms Adiectifs ont deux terminaisons, l'vne en
o *au mafculin, qui fe change en* a *au feminin , comme*
Bueno buena, *bon &* bonne: *l'autre en* e *, qui eft*
commune à l'vn & à l'autre genre, comme grande *qui*
fignifie grand & grande.

J'ay dit cy deffus , que quelques noms Adiectifs fe
font fubftantifs, & que lors ils font neutres; ceux-là

B

prennent l'article lo, & y en a des deux terminaisons,
à sçauoir de o, & de e, comme lo bueno, lo malo,
lo grande. *Voicy comment ils se declinent tous, pre-*
mierement le masculin.

	Sing.	Plur.
Nom.	El bueno,	los buenos.
Gen.	del bueno,	de los buenos.
Dat.	al bueno,	à los buenos.
Accus.	el bueno,	los buenos.
Vocat.	ô bueno,	ô buenos.
Ablat.	del bueno.	de los buenos.

Le feminin.

	Sing.	Plur.
Nom.	la buena,	las buenas.
Gen.	de la buena,	de las buenas.
Dat.	à la buena,	à las buenas.
Accus.	la buena,	las buenas.
Vocat.	ô buena,	ô buenas.
Ablat.	de la buena.	de las buenas.

Exemple du commun.

	Sing.	Plur.
Nom.	El grande,	los grandes,
Gen.	del grande,	de los grandes.
Dat.	al grande,	à los grandes.
Accus.	el grande,	los grandes.
Vocat.	ô grande,	ô grandes.
Dat.	del grande.	de los grandes.

Les neutres se declinent en ceste maniere auec l'article lo.

Singulier.

Nom.	lo grande.	lo bueno.
Gen.	de lo grande,	de lo bueno.
Dat.	à lo grande,	à lo bueno.

Accuſ. lo grande, lo bueno.

Vocat. ô grande, ô bueno.

Dat. de lo grande, de lo bueno.

Et ainſi des autres ſans plurier.

Ils ont auſſi les articles du Datif al *& a* los*, a la, & a* las*, en leurs accuſatif, ſelon les occurrences, ce qui ſe cognoiſt par le Verbe qui gouuerne ledit cas.*

Il faut prendre garde à ce mot Grand, *lequel eſtant mis deuant Vn nom ſubſtantif qui commence par conſonante, laiſſe la derniere ſyllabe. Exemple,* gran muger, gran tiempo, *mais deuant la Vocale il ſe dit tout entier, comme* grande animo, grande hombre, *bien qu' aucunement l'e ſe mange deuant ladicte Vocale, & ſe fait ceſte abbreuiation ſeulement au ſingulier.*

Auſſi ce mot Bueno, *quãd il eſt mis deuãt ſon ſub-ſtantif, immediatement laiſſe la Voyelle finalle. Exem-ple,* el buen hombre, *mais quand il eſt mis apres il la retiẽt cõme* el hombre bueno ; Malo, *ſuit la meſ-me regle, car on dit* mal hombre, *&* hombre malo. *I'ay dit immediatement, car interpoſant quelque di-ction, la Vocale demeure en ſa force.*

Tanto *&* Quanto, *ſont auſſi abbregez de leur der-nier ſyllabe, eſtans mis deuant l' Adiectif & Aduerbe, & quelquefois deuãt le ſubſtantif: comme* Tan gran-de, tan bueno, tan tarde, tan ſolamẽte ; tan puta vieja era tu madre como yo : Quã mal parce ay eſſa color de eſperança. Quan biẽ lo haze v. m. *Mais s'ils ſe trouuent deuant ces deux aduerbes com-paratifs* mas *&* menos, *ils ſe diſent tout au long, comme* Quanto mas, Tanto menos ; *& au cas pa-reil deuant les noms comparatifs,* mayor *&* me-nor. *Exemple :* Quanto mayor es la fortuna,

B iij

tanto es menos segura, *d'autant que la fortune est plus grande, tant moins elle est asseurre.*

Bien souuent en l'interrogation, les Espagnols vsent de ces deux dictions, Que tanto, *au lieu de* Quanto, *comme:* Que tanto ay de aqui alla? *pour* Quanto ay de aqui alla? *combien y a-il d'icy là. Notez aussi que* Tanto *&* quanto, *reçoiuent le genre feminin,* Tanta *&* quanta, *& sont tous pareillement declinables, car on dit,* tätos *&* tantas, *quätos &* quantas.

Il faut adiouster l'article à l'Adiectif en la construction des mots, lors qu'il est ioint à son substantif, comme el buen hombre, la hermosa muger : *mais les pronoms n'ont pas le mesme priuilege : car si l'oraison commence par iceluy, ils n'auront point d'article comme les Italiens leur donnent. Exemple,* Vuestra hermosura es tal, que atrae a vuestro amor à quantos la miran *L'Italien diroit,* La vostra bellezza è tale, cheattrae alvostro amore, quäti la riguardano; *où il adiouste tousiours l'article au* Pronom *; le François n'y en met point, ains dit: voustre beauté est telle, qu'elle attire à vostre amour, tous ceux qui la regardent.*

Quant au nom Adiectif neutre, il aura tousiours son article lo, *car il semble plustost estre Substätif qu' Adiectif, cöme sont* Lo bueno, lo dulce, lo amargo, lo ageno, lo malo. *Excepté toutesfois quand il se met auec le Verbe Ser: comme,* Bueno es amar à Dios, *il est bon d'aimer Dieu.* Malo es hurtar, *il est mauuais de desrober.* Prouechoso es enseñar, *il est profitable d'enseigner. On y peut aussi quelquesfois adiouster l'article* el *deuant l'infinitif. Exemple,* Malo es el hurtar : *mauuais est le desrober : en laquelle maniere de parler l'infinitif est fait Nom.*

On fait des noms neutres possessifs de ces pronoms *lo mio, lo tuyo, lo suyo, lo nuestro, lo vuestro*: qui signifient, *le mien, ou, ce qui est mien, le tien, le sien, le nostre, le vostre*: cela s'entend des biens ou chose que possède la personne. Exemple, No quiero verder *lo mio*, *ie ne veux pas perdre le mien*. Parta Dios de lo suyo contigo, *Dieu te face participant du sien, ou de ses graces.*

Il se trouue des *Adiectifs* terminez en consonantes, sçauoir en l, comme debil, fragil, fertil, vtil, *& aussi* en z, comme capaz, rapaz, pertinaz, *& quelques* autres qui se remarquent en lisant.

De Mucho, Poco & Harto.

Mucho *&* Poco, *encor que ce soient Aduerbes de la quantité, neantmoins ils sont noms neutres, comme* lo mucho, lo poco: *mais estant adiectifs ils se trou-uent aux deux geres masculin & feminin, changeant l'o du masculin en a au feminin, retenans la force d'Ad-uerbes, & lors ils se ioignent à choses inanimees, & qui reçoiuent poids ou mesure, comme* mucho vino, mu-cha ague, mucho dinero, mucho azeyte, poco vinagre, poca harina. *Et ne se dira pas,* mucho hombre, mucha muger, *ny* poco hombre, poca muger, *au singulier nombre, mais au plurier, ils se ioi-gnent à tous noms indifferemmēt, soient de choses ani-mees ou inanimees: d'autant que ces noms signifians quantité, ne se peuuent ioindre à vne chose indiuisible, au singulier, comme est vne chose animee, mais bien au plurier se fait diuision de plusieurs.* Harto *qui signifie assez, reçoit les deux genres masculin & feminin, car* on dit Harto *&* Harta, *en qualité d'adiectifs, signi-*

B iij

fians le mesme que l'*Aduerbe* (*d'autant que le vray
Nom* vent diré, *saoul* & *rassasié*) & ayant aussi les
deux nombres, comme Harto vino, Harta carne,
Hartos hõbres, Hartas mugeres, & tous quatre
signifient assez: comme, assez de vin, assez de chair, assez
d'hommes, assez de femmes.

Des noms de nominatifs.

I'se troune des noms qui en effect sont denominatifs,
parce qu'ils deriuent d'autres, & tous finissent en vne
de ces deux terminaisons, oso, & ero : comme Vale-
roso, virtuoso, amoroso, marauilloso, de valor,
virtud, amor, & marauilla, *lesquels signifient abon-*
dance de chose, cõme valeureux, vertueux, amoureux,
merueilleux. Ils reçoiuent tous les trois genres, & se
declinent comme les autres noms adiectifs, en ceste maniere.

	Masc. Sing.	Fem.
Nom.	El Valeroso,	la valerosa.
Gen.	del valeroso,	de la valerosa.
Dat.	al valeroso,	à la velerosa.
Accus.	el valeroso,	la valerosa.
Vocat.	ô valeroso,	ô valerosa.
Ablat.	del valeroso,	de la valerosa.

	Plur. Masc.	Fem.
Nom.	los valerosos,	las valerosas,
Gen.	de los valerosos,	de las valerosas.
Dat.	à los valerosos,	à las valerosas.
Accus.	los valerosos,	las valerosas.
Vocat.	ô valerosos,	ô valerosas.
Ablat.	de los valerosos.	de las valerosas.

Neutre.

Nom. Io valeroſo.
Gen. de lo valeroſo.
Dat. à lo valeroſo.
Accuſ. lo valeroſo.
Ablat. de lo valeroſo.

Et ceux qui finiſſent en ero, *denotent pour la plus part l'office, du nom duquel ils deriuent, comme ;.*

Aguadero *de agua, porteur d'eau.*
Baruero *de barua,* Barbier.
Carnicero *de carne,* Boucher.
çapatero *de çapato,* Cordonnier.
Eſpadero *de eſpada,* Fourbiſſeur.
Hechizero *de hechizo,* Sorcier.
Iubonero *de jubon,* Pourpointier.
Limoſnero *de limoſna,* Aumoſnier.
Meſonero *de meſon,* Hoſtelier.
Panadero *de pan,* Boulanger.
Ropauegero *de ropa vieja,* Fripier d'habits.
Santero *de Santo,* Vallet de l'Egliſe, chaſſe-chien.
Tauernero *de tauerna,* Tauernier.
Trapero *de trapo,* Drapier.
Violero *de vihuela,* ioueur de violles,
Xabonero *de xabon,* Vendeur ou faiſeur de ſauon.

Mais ceux-cy ne reçoiuent pas les trois genres, car ils n'ôt point de neutre, & aucuns ne forment point de feminin, côme ſont ceux qui ont vn meſtier ou office, dont la femme ne ſe meſle point, comme eſpadero, aguadero, carnicero, çapattero, leſquels neantmoins en François ont quaſi tous le gêre feminin, car on dit fourbiſſeuſe, bouchere, cordonniere, ou cordouániere, nous dirôs biê aguadera, porteuſe d'eau, voulans tourner noſtre mot François en Eſpagnol, d'autât qu'en France nous en auôs.

*plusieurs, & principalement à Paris, mais le mot n'est
pas commun en Espagnol, parce que* aguadera *est vn
certain vaisseau, auquel on porte de l'eau sur les asnes.
Il y a d'autres Noms deriuatifs terminez en* ido, *les
vns deriuez des noms, & les autres des verbes, les
premiers sont noms adiectifs, comme:*

Dolorido de dolor, *douloureux.*

Descolorido de color, *pasle, descouloré, blesme.*

Desabrido de sabor, *insipide, fade, sans saueur? &
par metaphore, il signifie fascheux, mal-plaisant.*

*Les autres sont Participes, qui descendent des Verbes,
comme:*

Perdido de perder, *perdu.*

Venido de venir, *venu.*

Vencido de vencer, *vaincu.*

*Desquels il sera parlé plus amplement en traictant des
Participes.*

De la terminaison des noms diminutifs.

*Les noms diminutifs ont deux terminaisons ordi-
naires, qui sont* illo & ico; *i'en ay remarqué en beaucoup de liures vn troisiesme, qui est* ito: *Exemples de
toutes:* Asnillo, *asnon.*

Cestillo, *corbillon, ou petit panier, que nous disons
aussi panerer.*

Loquillo, *petit fol ou folet.*

Montezillo, *petite montagne, colline.*

*Mais il faut que l'on sçache, que les Espagnols les con-
fondent assez, & sans autre exemple que ces quatre
mots icy dessus, on peut monstrer les trois terminaisons,
car on dit* asnico, *aussi bien qu'*asnillo, loquito,
comme loquillo, montezico, *comme* montezillo;

Toutefois il ne sera mauuais de dire, que tous ceux d'y-
ne terminaison, n'ont pas toussours toutes les autres, car
pour loquillo *&* loquito, *on ne dira pas* loquico ;
ceſtico *se dit, mais non pas* ceſtito, *& d'autres sem-*
blablement, que les ſtudieux pourront auec diligence
remarquer, me suffisant d'auoir monſtré la terminaison
du nom diminutif ; mais il ne faut pas laisser en la plu-
me le feminin, car il y en a aussi, comme :

Artezilla, *petite art ou science.*

Partezilla, *par celle ou petite part.*

Damilla , *damoiselle , ou damette.*

Bouilla , *petite sotte, lourdaude, ou niaise.*

Les Espagnols en flattāt & caressant quelqu'vn vsent
de ces diminutif en ito *&* ico, *plustost que de* illo, *qui*
sert de monſtrer la diminution de la choſ, sans conside-
ration d'amitié ny de caresses.

Outre les terminaisons des noms diminutifs cy deſ-
sus, il y en a encor vne en uelo, *par u voch, comme*
sont cuerpezuelo, *petit corps ;* boyezuelo, *bouuillon ;*
borrachuelo , *petit yurongne ;* hijuelo, *petit enfant*
ou petit fils, moçuelo, *petit garçon, garçonnet :* nece-
zuelo, *petit sot :* pañizuelo, *drappelet, il signifie pro-*
prement vn mouchoir. Les feminins changent seule-
ment l'o final en a, *comme,* hijuela, moçuela, cala-
bazuela, *petite citrouille ou calebasse :* migajuela, *pe-*
tite miette : la gartijuela, *petit lezard. I'ay trouué*
aussi Cigoñino, *qui a differente terminaison de tou-*
tes les susdites. C'est le diminutif de Cigueña, *vn Ci-*
goneau : & Palomino, *pigeonneau, de* paloma. *Il s'en*
pourra rencontrer encor d'autres, lesquels, se cognoi-
ſtront par leur signification, & suffira de ceux-cy pour
exemples.

Des noms Numeraux, & de leur terminaison.

Les Noms numeraux ont diuerses terminaisons, ia-çoit qu'ils n'ayent qu'vn nombre, excepté le premier, qui est Vno: lequel admet le plurier, & se dit vnos, qui vaut autant que algunos, & signifie aucuns, quelques vns, & des : comme, auia vnos hombres, il y auoit des hommes, quelques hômes, ou aucuns hommes, vna fait aussi au plurier vnas, & vaut autant que algu-nas. Le reste des nombres ne se trouue qu'au singulier, comme dit est : & deuez sçauoir que ce nom vno est de la mesme nature que bueno, pour le regard de la com-position : car mettant ledit vno deuant le substantif ou adiectif masculin, il perd la voyelle finale, comme vn hôbre, vn homme, vn vellaco, vn poltron, mes-chant homme. La mesme raison n'est pas du feminin qui fait vna, lequel ne perd iamais son a.

Aussi (comme nous auons dit du mot bueno) si on interpose quelque diction entre vno & son substantif, ou bien que vno soit mis apres, alors il retient sa voca-le : comme el vno es hôbre debien; destos dos el vno es vellaco : l'vn est homme de bien ; de ces deux l'vn est meschant homme. Et tout le mesme est quand il est du neutre genre : exemple, lo vno y lo otro va bien, l'vn & l'autre va bié, c'est à dire tout va bien.

¶ Nous mettrons icy de suite tous les noms numeraux, estant bien necessaire de les sçauoir, & sont :

Vno, vna,	Vn, vne.
dos,	deux.
tres,	trois.
quatro,	quatre.
cinco,	cinq.

feys,	fix.
fiete,	fept.
ocho,	huict.
nueue,	neuf.
diez,	dix.
vnze,	vnze.
doze,	douze.
treze,	treize.
catorze,	quatorze.
quinze,	quinze.
deziſeis *ou* diez y ſeys,	ſeize.
diez y ſicte,	dix-ſept.
diez y ocho,	dix-huict.
diez y nueue,	dix-neuf.
Veynte,	Vingt.
veynte y vno,	vingt & vn.
veynte y dos, &c.	vingt & deux, &c.
Treynta,	Trente.
quarenta,	quarante.
cincuante,	cinquante.
ſeſenta,	ſoixante.
ſetenta,	ſoixante & dix.
ochenta,	quatre vingts.
nouenta,	quatre vingts dix.
Ciento.	Cent.
ciento y vno, &c.	cet vn, &c.
ciento y diez,	cent dix.
ciento y veynte, &c.	fix vingts, &c.
dozientos,	deux cens.
trezientos,	trois cens.
quatrocientos,	quatre cens.
quinientos,	cinq cens.
ſeys cientos,	fix cens.

setecientos,	*sept cens.*
ochocientos,	*huict cens.*
nouecientos,	*neuf cens.*
Mil,	*Mil.*
dos mil,	*deux mille.*
tres mil,	*trois mille.*
cien mil,	*cent mille.*
dozientos mil,	*deux cens mille.*
quinientos mil, &c.	*cinq cens mille, &c. iusques*
	à million.
vn Milion *ou* millon,	*Vn Million.*
& vn cuento,	
dos miliones,	*deux millions.*

Ces nombres dozientos, trezientos, *&c. iusques à* nouecientos, *inclusiuement prennent le genre femi-nin, lors qu'ils sont mis deuant vn nom dudit genre, comme.*

Dozientas mugeres, *deux cens femmes.*

Trezientas donzellas, *trois cens fille.*

Ce nombre Ciento, *estant mis deuant le nom se re-tranche de toute la seconde syllabe, & se dit,* cien hom-bres, *& non pas* ciento hombres.

Il se dit bien vn ciento *de ducados, mais alors il y à ce nombre* vn, *deuant, & ceste proposition de, apres ledit* ciento; *& ne se dira pas immediatement* ciento ducados, *mais bien* cien ducados.

Outre les nombres cy dessus, qui sont nombres Cardi-naux, il y a les Ordinaux, à sçauoir:

Primero, *premier.*	Quarto, *quatriesme.*
Segundo, *second, ou*	Quinto, *cinquiesme.*
deuxiesme,	Sexto, *sixiesme.*
Tercero, *tiers ou troi-*	Septimo o seteno, *se-*
siesme.	*ptiesme.*

Octauo, *huictiesme.* Decimo o dezeno, *di-*
Nono o noueno, *xiesme.*
neufiesme.

Aucuns cessent icy le nombre Ordinal, & prennent le Cardinal au lieu d'iceluy comme pour dire, le chapitre Onziesme, ils disent capitulo vnze, *&c. Toutesfois il se trouve encor proprement ces cinq, à sçauoir* onzeno, *vnziesme,* dozeno, *douziesme,* trezeno, *treziesme,* catorzeno, *quatorziesme,* quinzeno, *quinziesme. Et apres ceux-là il faut vser du nombre Cardinal pour l'Ordinal: Toutesfois i'ay leu vn* deci-mo, duodecimo, decimotercio, decimoquarto, decimoquinto, decimosexto, decimoseptimo, decimo-octauo, decimonono. *Aussi l'on trouue* veynteno, treynteno, quarenteno, cinquéteno, sesenteno, setéteno, ochenteno, noventeno, & centeno: *Et encor autrement quasi selon le Latin, à sçauoir,* vigesimo, trigesimo, quadragesimo, & quarentesimo, quinquagesimo & cinquentesi-mo, sexagesimo & sesentesimo, septuagesimo, & setentesimo, octuagesimo & ochentesimo, nonagesimo & nouentesimo, centesimo: *Ausquels s'adioustent en leur lieu,* primo, segundo, ter-cio, quarto, *&c. & non pas aux premiers: car on ne dit pas,* veynteno primo, *ny* treynteno segundo, *mais bien* vigesimo primo, segundo, *&c. Faut aussi noter que ce ne sera pas bien dit,* vigesimo pri-mero, *ny* vigesimo tercero, *ains* primo *&* tercio.

Des Pronoms, & de leur nature.

Les Pronoms sont certaines dictions qui se mettent au lieu des Noms, & ne seruent que pour demonstrer,

fans nommer la perfonne ou la chofe, ou bien la referer,
ayant efté auparauant nommee. Il y en a de plufieurs
natures, les vns Primitifs, autres Deriuez, defquels
aucuns font Demonftratifs, d'autres Poffeffifs, des Relatifs, & des Reciproques. Toutes lefquelles fortes
eftans affez notoires, il ne fera befoin de les definir d'a-
uantage: fuffira de dire vne partie de leurs accidens, &
monftrer l'vfage d'iceux.

Les Primitifs (comme tous les autres) ont deux genres, le mafculin & feminin, deux nombres comme les
noms: mais ils ont trois perfonnes, & font ceux-cy ; y o,
tu, & de fi au genitif, qui n'a point de nominatif: y o,
feruant à la premiere perfonne, tu à la feconde, & de
fi à la troifiefme. Le changement des voyelles qu'ils
ont, fe cognoiftra à la variation ou declinaifon d'iceux,
qui eft cy apres.

Declinaifon du Pronom de la pre-
miere perfonne.

Singulier.

Nom.	Yo,	*Je, ou moy,*
Gen.	de mi,	*de moy.*
Dat.	à mi,	*à moy.*
Accuf.	me, *ou* por mi,	*moy, ou par moy.*
Ablat.	de mi,	*de moy.*

Plurier.

nos, ou nofotros,	*nous.*
de nos, de nofotros,	*de nous.*
à nos, à nofotros,	*à nous.*
nos, nofotros, ou por nofotros,	*nous, ou pour nous.*
de nos, de nofotros.	*de nous.*

Declinaison du Pronom de la seconde personne.

Singulier.

Nom.	Tu,	Toy.
Gen.	de ti,	de toy.
Dat.	à ti,	à toy.
Accuf.	te, ou por ti,	toy, ou par toy.
Vocat.	ô tu,	ô toy.
Ablat.	de ti,	de toy.

Plurier.

Vos, vofotros.	Vous, vous autres.
de vos, de vofotres.	de vous.
à vos, à vofotros.	à vous.
vos, vofotros, ou por vofotros.	vous ou par vous.
ô vos, ô vofotros,	ô vous.
de vos, de vofotros.	de vous.

Ces deux feruent au fingulier pour les deux genres, mais au plurier pour les faire feminins, faut changer l'o de la derniere fyllabe en a, & dire nofotras, & vofotras, au lieu de nofotros & vofotros.

Vous noterez en paffant que tu fe prend pour pronom poffeffif, eftant mis auec le fubftantif, comme auffi mi & tu, lefquels tous trois font au plurier, mis, tus, fus, fe declinans par les articles, & par les cas, qui font les mefmes que mio, tuyo, fuyo, & fe prennent pour iceux, mais ils font plus demonftratifs que les relatifs, eftans toufiours ioints à leurs fubftantifs; dequoy il fe donnera des exemples en parlant des poffeffifs.

Combien que l'on trouue au plurier nos & nofotros, vos & vofotros, toutesfois il ne faut pas vfer indifferemment de tous, car nos ne fe prend quafi

que par grandeur ou par dignité au nominatif, comme:
Nos Don Iuan por la gracia de Dios Rey, &c.
& à l'accusatif en la composition apres le verbe: mais
nosotros *&* vosotros, *s'usent plus proprement au*
premier cas: & s'entendent tousiours de plusieurs per-
sonnes: ce qui n'est pas de nos *&* de vos, *sans licen-*
ce: comme Nosotros entramos en Roma el dia de
san Iuan, y vosotros ya auiades salido, *Nous en-*
trasmes à Rome le iour de sainct Iean, & vous en estiez
desia sortis. Vos *se dit au premier cas, & aux autres, à*
vne seule personne au lieu de tu, *qui seroit trop ab-*
ject, & mesmes beaucoup ne se veulent contenter de
vos, *l'estimant aussi bas que si nous disions en nostre*
langue, toy: si bien que par abus & affection, les Espa-
gnols vsent quasi à l'endroit de tout le monde, vuestra
merced, *sauf les tiltres qui se donnent aux personnes*
de plus grande qualité, comme Señoria, Excelencia,
Alteza, Reuerencia, *& autres. Et és cas obliques en*
composition auec le verbe immediatement, l'on met os
au lieu de vos, *Comme* yo os digo, *ie vous dy,* Yo
yre mañana, à visitaros: *ie vous iray demain visi-*
ter, & auec la Preposition il faudra dire vos, *& non*
os: *comme,* de vos yo no digo nada, *de vous ie ne*
dy rien; muero por vos, *ie meurs pour vous.*

Il faut dire en passant, que les Espagnols construisent
souuent l'article de la troisiesme personne auec ces pro-
noms nosotros *&* vosotros *au plurier: comme* Nosotros los Christianos, *nous autres Chrestiens:* vos
los que amays, *vous qui aimez:* vosotros los Phi-
losophos de Cupido, *vous autres Philosophes de Cu-*
pidon: & aussi auec le verbe de la premiere ou seconde
personne, cöme: Oyd pues amigos (los que lo fueredes) el mas estraño successo, *Oyez donques amis*
(cons

(ceux quile ferez) le plus eftrange fuccez; au lieu de dire, Vous qui le ferez.

Declinaifon du pronom de la premiere perfonne.

Ce pronom n'a point de nominatif comme les d'ux
precedens, ains fuit le Latin, & fert à tous les deux
nombres fingulier & plurier, en cefte maniere:

Gen.   De fi, de foy.
Dat.   à fi à foy.
Accuf.   fe, & por fi, foy, & par foy.
Ablat.   de fi, & para fi, de foy, & pour foy.

Il ne faut pas oublier de dire, que les cas genitifs de
tous ces trois pronoms, font quafi fuperflus: car en Voulant vfer poffeffiuement d'iceux, on dira au lieu du premier, mio, au lieu du fecond, tuyo, & pour le troifiefme, fuyo, & feruent feulement apres le Verbe, ce qui
femble pluftoft eftre en l'ablatif qu'au genitif, comme:

Que fera de mi? que fera-ce de may?
Que fe dira de ti? que dira-on de tuy?
El habla de fi. Il parle de foy.

Où l'on Void qu'il ne fe peut prendre au genitif, car on
ne dira pas el libro es de mi, el cauallo es de ti, el
fayo es de fi: mais bien, el libro es mio, el cauallo
es tuyo, el fayo es fuyo. Toutesfois l'on peut bien interroger, de quien es efta obra? mais on ne refpondra
pas proprement de mi, ains mia; trop bien fans pronom, parlant d'vn autre, on dira, de Pedro, de Bof-
can.

En la comparaifon de mifmo, ils s'Vferont par tous
les cas, tant au fingulier que plurier, foit poffeffiuemét,
reciproquement, ou par forme de demõftratif & relatif,

C

car on peut dire de mi mismo es el libro, *le liure*
est de moy mesme ; es de ti mismo el sayo, *le saye est*
de toy mesme ; de si mismo es, *c'est de luy-mesme, ou*
de soy-mesme, & ainsi aux autres cas.

La declinaison est telle que s'ensuit

	Sing.	Plur. 1. personne.
Nom.	Yo mismo,	nosotros mismos.
Gen.	de mi mismo,	de nosotros mismos
Dat.	a mi mismo,	a nosotros mismos,
Accus.	mi mismo,	nosotros mismos.
Ablat.	de mi mismo.	de nosotros mismos
	Sing.	*Plur. 2. personne.*
Nom.	Tu mismo,	vosotros mismos.
Gen.	de ti mismo.	de vosotros mismos
Dat.	a ti mismo,	a vosotros mismos,
Accus.	ti mismo,	vosotros mismos.
Vocat.	ô tu mismo,	ô vosotros mismos.
Ablat.	de ti mismo.	de vosotros mismos
	Sing.	*Plur. 3. personne.*
Nom.	El mismo,	ello mismos.
Gen.	de si mismo,	de si mismos.
Dat.	a si mismo,	à si mismos.
Accus.	si mismo,	si mismos.
Ablat.	de si mismo,	de si mismos.

J'ay adiousté en cet endroit le premier cas à la troi-
siesme personne, bien que le S. Miranda l'ait obmis en
sa Grammaire, mais il faut entendre qu'il y a differen-
ce de signification entre el *estant article, &* el *pronom*
relatif, l'vn signifiant en François, le, & l'autre, luy:
aussi que le plurier de l'vn fait los *, & l'autre* ellos,
& estant ledit el *seul & separé de* mismo, *il se decli-*
nera par tous ses cas: sçauoir el, del, a el, el *ou* a el,

del, ellos, dellos. a ellos, ellos *ou* a ellos, dellos,
comme cy apros se verra, & non pas el, de si, a si : *car
hors la composition il n'a point de nominatif. Pour en
faire le feminin il ne faut que changer l'*o *en* a, *& dire*
misma *pour* mismo, *& au plurier* mismas *pour*
mismos. Souuentesfois au lieu de* mismo *&* misma,
on vse de ces dictions proprio *&* propria, *comme*
yo proprio, tu proprio, desi proprio: el proprio,
ella propria *auec leur plurier y adioustant vn* s.

Des Pronoms possessifs qui deriuent des precedens.

Ces pronoms possessifs qui s'ensuiuent sont mio,
tuyo, suyo, nuestro, vuestro, *& leurs feminins,*
mia, tuya, suya, nuestra, vuestra, *ils ont aussi le genre neutre, adioustant à iceluy l'article* lo : *mais immediatement deuant le substantif au lieu de* mio, tuyo,
suyo, *& de* mia, tuya, suya, *il faut dire* mi, tu, su, *&
au plur.* mis, tus, sus, *lesquels seruent au masculin &
feminin. Exemple:* Mi padre escriuio à tu amo, por
lo que toca à los negocios de su casa : *mon pere a
escrit à ton maistre, touchant les affaires de sa maison :
& est la mesme raison qu'en François,* mon, ton, son,
ma, ta, sa, *au singulier ; &* mes, tes, ses, *au plurier.*
J'ay remarqué vne difficulté qu'il y a en l'acception
de su *singulier, &* sus *plurier, en laquelle quasi tous
ceux qui lisent Espagnol se trompent; c'est que* su *signifie*
son, sa, *&* leur; *&* sus, ses *&* leurs: *ayant chacun d'eux
double signification. Or pour les cognoistre, il faut prendre
garde au possesseur, & à la chose possedee, car si le possesseur est vnique, & la possession simple, il faudra dire* su:

exemple: El padre con su hijo, *le pere auec son fils:* la madre cou su hija, *la mere auec sa fille :* & *si la chose possedee est en plurier, on dira* sus, *comme,* La madre y sus hijas, *la mere* & *les filles. Mais si les possesseurs sont plusieurs,* & *la chose possedee vnique alors il faudra vser de* su : *Exemple,* Los solados deuen de dar obediencia à su capitan, *les soldats doiuent obeyr à leur capitaine,* & *si l'vn* & *l'autre sont en nombre plurier, il sera bon de prendre* sus, *côme,* Yuan los hombres en compañia de sus mugeres : *les homme alloient en la compagnie de leurs femmes.*

Les Espagnols mettent aucunesfois su *, au lieu de l'article* El, *ou* la, *qui est vne façon de parler estrange, de mettre le rélatif deuant l'antecedent, lequel mesme s'exprime, comme:* Vi que no tenia su firma del autor, *pour dire;* Je vis que la signature de l'autheur n'y estoit pas.

I'ay dit que mio, tuyo, suyo nuestro & vuestro, *se trouuent au genre neutre, quand ils ont l'article* lo, *mediatement ou immediatement,* & *lors ils sont sans substantifs ; car ils le supposent ;* & *est la mesme raison que nous auons dite, parlant des noms neutres, où l'article* lo *signifie, ce que : car en disant* lo mio, *le mien, on entend, ce qui est mien, ou ce qui est à moy :* & *ainsi des autres.*

Le mesme s'entendra encore que l'article lo *n'y soit adioint, ains ayant auec eux vn pronom neutre, comme sont* esto & *esso, desquels se dira cy apres ; toutesfois nous en donnerons des exemples icy, à sçauoir:*

No quiero perder lo mio, *Ie ne veux pas perdre le mien.*

Cuyo es esto, mio o tuyo? *A qui est cecy, à moy, ou à toy :*

De quien es esso? suyo es. *A qui est cela? il est à luy.*

Quand à la declinaison d'iceux, il n'y a aucune difficulté: car elle ne differe en rien de celle des noms, se faisant par l'article, comme s'ensuit:

Nom. El mio, la mia, lo mio. *Le mien, la mienne, le mien.*

Gen. del tuyo, de la tuya, de lo tuyo. *du tien, de la tienne, du tien.*

Dat. al suyo, à la suya, à lo suyo. *au sien, à la sienne, au sien.*

Accus. el nuestro, la nuestra, lo nuestro. *Le nostre, la nostre, le nostre.*

Ablat. del vuestro, de la vuestra, de lo vuestro. *du vostre, de la vostre, du vostre.*

Et se decline vn chacun de mesme par tous les cas.

De Cuyo & Cuya.

I'ay touché en passant ce pronom Cuyo, duquel ie diray icy la signification. Il faut sçauoir qu'il est interrogatif & relatif, & à son feminin cuya: ils font cuyos, & cuyas, au nombre plurier, & ont chacun separément toutes ces significations qui s'ensuiuent, à sçauoir: dont, de qui ou à qui, duquel, de laquelle, desquels & desquelles: mais il se faut donner garde de s'y tromper, en prenant l'vn pour l'autre: ains faut auoir égard, en la langue Espagnolle, à la chose possedee, à laquelle s'accordent cuyo, cuya, cuyos, & cuyas; au contraire du François qui regarde le possesseur, comme il se void par le discours: mais pour les mieux entendre, en voicy des exemples.

Premierement de l'Interrogatif.

Cuyo es este cauallo? *A qui est, ou de qui est ce cheual &c.*

Cuya es effa caſa? *A qui eſt ceſte maiſon là?*
Cuyos ſon eſſos guantes? *A qui ſont ces gans là?*
Cuyas ſon eſſas camiſas? *A qui ſont ces chemiſes là?*

Du Relatif pour le maſculin François, duquel & deſquels

He aqui vna virgen concebirà y parirà a vn hijo, cuyo nombre ſera Ieſu.

Voicy vne vierge conceuxa & enfantera vn fils, le nom duquel ſera Ieſus.

Sigamos a nueſtro Saluador y Redéptor, cuya muerte tã afrentoſa, fue nueſtra vida.

Siuuons noſtre Sauueur & Redempteur, duquel la mort ſi honteuſe fut noſtre vie.

Leamos a Ciceron, cuyos libros eſtan llenos de ſentencias.

Liſons Ciceron, teſliures duquel ſont remplis de ſentences.

Oygamos al Apoſtol, cuyas palabras ſon las que ſe ſiguen.

Oyons l'Apoſtre, les paroles duquel ſont celles qui s'enſuiuent.

Imitemos à los ſantos de Dios, cuyo numero es infinito.

Imitons les ſaincts de Dieu, le nombre deſquels eſt infini.

Conſideremos a los grandes heroës, cuya fama es immortal,

Conſiderõs les grands & vaillãs hõmes, la renõmee deſquels eſt immortelle.

Veamos a los antiguos philoſofos, cuyos dichos ſon tan memorables.

Voyons les anciens Philoſophes, les dicts deſquels ſont ſi memorables.

Miremos a los varones iluſtres, cuyas vidas eſcriue Plutarco.

Regardõs les perſonnes iluſtres, les vies deſquels eſcrit Plutarque.

Pour le feminin, de laquelle & defquelles.

Efcuchemos con atēcion la fagrada efcritura, cuyo tefto nos enfeña.

Meditemos la ley de Dios fanta, cuya interpretacion, &c.

Obedezcamos à la Yglefia, cuyos preceptos fon cinco.

Eftudiemos la Grammatica, cuyas partes fon ocho.

Las artes y fciēcias, cuyo eftudio es muy enojofo à los negligētes y perezofos.

Las matematicas, cuya perficion cōfifte en la pratica y exercicio.

Las naciones y tierras eftrágeras, cuyos ritos y coftumbres.

Las profundas y tempeftuofas mares, cuyas nauegaciones fon tan peligrofas.

Efcoutons auec attention la fainéte Efcriture, le texte de laquelle nous enfigne.

Meditons la loy de Dieu fainéte, l'interpretation de laquelle, &c.

Obeyſſons à l'Eglife, les preceptes de laquelle font cinq.

Eftudions la Grammaire, les parties de laquelle font huiét.

Les arts & fciences, l'eſtude defquelles eſt fort ennuyeux aux negligens & pareſſeux.

Les Mathematiques, la perfection defquelles cōſiſte en la pratique & exercice.

Les nations & terres eftrāgeres, les façons de faire & couftumes d'fquelles.

Les profondes & tempeftueufes mers, les nauigations defquelles font fi perilleufes.

En tous lefquels exemples fe void correspondre l'Efpagnol à la chofe poffedee fans article, & le François au poffeffeur, adiouftant l'article à la chofe qui poffede, ou qui eſt relatiue, foit qu'elle aille deuant ou apres le pre-

nom: ceste particule, *dont*, *pour le François se peut prendre pour tous les autres relatifs*, *en l'appliquant toufiours deuant la chose possede*.

I'auois en parlant de l'article el) fait mention de la maniere de parler des Efpagnoles, quant ils fe feruent de la troifiefme perfonne pour la feconde, *cr* ne fera mal fait de dire encor icy, que pour la mefme raifon ils vfent de Suyo *pour* vueftro, *au lieu de dire* de vuefa mercerd, *qui feroit comme dit*, *eft*, *trop haut titre pour tout chacun*, *cr außi que* vueftro *feroit en mefme degré que* vos.

En paffant ie diray vn mot de la pronopciation *cr* vfage de vuefa merced, *que l'ay eferit*, vueftra merced, *cy defius*, *traictât des articles: Il faut fçauoir qu'il importe peu qu'il s'eferiue* vueftra, *ou* vuefa, *quand il fe met au long*, *bien que* vueftra *eft plus à propos: mais en prononçant*, *i'en ay ouy aucuns qui difoient entierement* vueftra merced, *d'autres* vuefa, *ou* vueza merced, *encor d'autres* vuefa mefted, *cr encor plus bref cr plus commun* volafted, *en appefantif-fant la derniere*, *comme fi le tout n'eftoit qu'vne feule diction: quant à l'efcriture*, *il n'y aura point de difficulté*, *car ils s'efcriuent par deux feules lettres, qui font* v. m.

D'autres Pronoms demonftratifs.

Il y a encor ces autres Pronoms demonftratifs efte, efte, aquel, *qui fignifient fuiuât le Latin; fçauoir* efte, *hic cr* his: efte, *ipfe*: aquel, *ille*, *en François* efte *cr* aquel, *n'auroient qu'vne fignification*, *à fçauoir celuy-là: plus efloigné de nous;* cr efte, *ceftuy-cy;* *qui ne vou-droit en former vne particuliere pour le troifiefme qui manque*, cr dire efte, *ceftuy-cy:* eft, *ceftuy-là:* aquel,

celuy-là: ce qui ne me semble mal à propos, comme pour
exemple :

Este hombre, *cet homme cy.*

Essa muger, *ceste femme-là.*

Aquel mancebo, *ce ieune homme là.*

Mais ie descouure icy vne difficulté, qui est, que si
aquel est mis deuant son substantif, il ne signifiera pas,
celuy, car pour traduire aquel cauallo, ce ne sera pas
bien dit, celuy cheual, trop bien estant relatif, ou interposant quelque autre diction, comme si ie demande,
Qual es mi cauallo? es aquel? *lequel est mon cheual?*
est ce celuy-là? Buen cauallo es aquel, *celuy-là est*
vn bon cheual.

Pour les discerner, il faut entendre que este se dit
d'vne chose qui est prés de moy qui parle ; esse, de celle
qui est pres de celuy à qui ie parle ou escris (qui est tout
vn) & aquel se prend pour vne chose separee & esloignee de l'vn & de l'autre, comme en vn tiers lieu.

Quelques-vns forment vne espece de composé, qui
n'est pas trop vsité de ceux qui parlent bien, & est
aqueste & aquesse pour este & esse; & sembleroit
que ce fust la mesme raison de aquel, qui seroit demonstratif formé de el, que i'ay touché en parlant du pronom y o mismo.

Ces pronoms ont les trois genres & nombres, comme
les autres, seulement ils different en terminaisons, car
le masculin des deux premiers se finit en e, qui au plurier se change en o, & adioustant s, comme este, esse,
estos, essos, le troisiesme finit en el, qui est aquel, &
fait au plurier aquellos : le feminin en a, & le neutre
en o, leur declinaison qui s'ensuit le monstrera.

Sing.	Masc.	Fem.	Neut.
Nom,	este,	esta,	esto.

Gen.   de efte, o defte. de efta, o defta. de efto,
                                                    o, defto.
Dat.   a efte,   a efta,   a efto.
Accuf. efte, o, a efte, efta, o, a efta, efto.
Ablat. de efte, o, defte. de efta. o defta de efto,
                                                    o defto.

    Plur.   *Mafc.*   *Fem.*
Nom.   eftos,   eftas.
Gen.   de eftos, o deftos, de eftas o deftas
Dat.   a eftos,   a eftas.
Accuf. eftos, o a eftos, eftas, o a eftas.
Ablat. de eftos , o deftos. de eftas, o deftas.

    Sing,   *Mafc.*   *Fem.*   *Neut.*
Nom.   effe,   effa,   effo.
Gen.   de effe, o deffe, de effa, o deffa, de effo,
                                                    o deffo.
Dat.   a effe,   a effa,   a effo.
Accuf. effe, o a effe, effa, o effa, effo.
Ablat. de effe, o deffe, de effa, o deffa. de effo,
                                                    o deffo.

    Plur.   *Mafc.*   *Fem.*
Nom.   effos,   effas.
Gen.   de effos, o deffos, de effas, o deffas.
Dat.   a effos,   a effas.
Accuf. effos, o a effos, de effas, o deffas.
Ablat. de effos, o deffos. de effas, o deffas.

    Sing.   *Mafc.*   *Fem.*   *Neut.*
Nom.   aquel,   aquella,   aquello.
Gen.   de aquel,   de aquella, de aquello.
Dat.   a aquel,   a aquella,   a aquello.
Accuf. aquel,   aquella,   aquello.
Ablat. de aquel.   de aquella. de aquello.

Plur.	*Masc.*	*Fem.*
Nom.	aquellos,	aquellas.
Gen.	de aquellos,	de aquellas.
Dat.	a aquellos,	a aquellas.
Accuf.	aquellos,	aquellas.
Ablat.	de aquellos.	de aquellas.

Il fera bon de mettre icy la declinaifon de el, *relatif,* & demonftratif, comme eftant quafi de mefme nature que aquel.

Plur.	*Masc.*	*Fem.*	*Neut.*
Nom.	el.	ella,	ello,
Gen.	de el, o del	de ella, o della	de ello, o dello.
Dat.	a el	a ella,	a ello,
Accuf.	el, o a el	ella, o a ella,	ello,
Ablat.	de el, o del	de ella, o della	de ello, o dello.

Plur.	*Masc.*	*Fem.*
Nom.	ellos,	ellas,
Gen.	de ellos, o dellos,	de ellas, o dellas,
Dat.	a ellos,	a ellas,
Accuf.	ellos, o a ellos,	ellas, o a ellas,
Ablat.	de ellos, o dellos.	de ellas, o dellas.

Les neutres n'ont point de plurier, comme il eft dit és noms, parce qu'ils ne fe ioignent à aucun fubftantifs, ains femblent eftre eux mefmes fubftantifs, car efto, effo, aquello, ello, fignifient, cecy & cela, qui ne fe fpeci-fient rien, ains veulent dire, cefte chofe cy; & cefte cho-fe là; quelle qu'elle foit, fans denommer le fubftantif: car ce feroit improprement parlé en François, fi on difoit, cecy homme, cela cheual: Mais on peut bien dire cecy, en demonftrant vn liure qu'on tiendroit en fa main, ou pres de foy, & dire auffi, cela, monftrant vne pierre

ou autre chose vn peu plus esloignee, toutesfois ce ser
tousiours sans exprimer le substantif.

La signification de el, n'estant article, au nominatif
est autant qu'en François, il, & luy ; ella, signifie, elle,
ello, est le mesme que aquello, qui vaut autant à dire
que, cela. Exemple,

El venia por vna par-
te y ella por otra, y
juntãdose los dos, to-
mola por la mano, y se
fueron de cõpañia. Y
el de camino, le yua
contendo sus infortu-
nios, y lo que auia su-
frido por su amor, pe-
ro ella bien mostraua
à su gesto, y tambien se
echaua de ver en suro-
stro, que no se le daua
nada por ello.

Il venoit d'vn costé, &
elle de l'autre, & se ve-
nans à rècõtrer eux deux,
il la prit par la main. &
s'en allerent de cõpagnie.
Et luy par le chemin luy
racõtoit ses infortunes, &
ce qu'il auoit souffert pour
l'amour d'elle : mais elle
monstroit bien à son geste,
& s'apperceuoit-on aussi
à son visage, qu'elle ne se
soucioit pas de cela, ou que
elle ne s'en soucioit pas.

Ce mot otro s'dioint aussi fort souuent, & bien à
propos, à ces trois pronoms, & en tous les trois genres, à
sçauoir otro pour le masculin & neutre, & otra pour
le feminin. Exemple: Essotro dia vino vn hombre
por aca, el qual me dio nueuas de v.m. L'autre
iour il vint icy vn homme, lequel me dit de vos nouuelles. Essotra casa es muy linda, ceste autre maison là
est fort belle. Essotro que v.m. dize, no me parece
ser muy verdadero. Ceste autre chose que vous me
dites, ne me semble pas estre fort veritable.

Il y a encor deux pronoms qui n'ont que le nombre
plurier, ce sont ambos, & entrambos, pour le masculin: ambas, & entrambas, pour le feminin, qui se

ioignent auſſi auec dos, faiſant ambos, a dos, *& ſi-*
gnifient en François autat que, tous deux, ou tous deux
enſemble: on y adiouſte quelquesfois juntos, *qui veus*
auſſi dire, enſemble. Exemple :

Si entrambos que-	*Si vous voulez venir*
reys venir, y o os dare	*tous deux, ie vous doneray*
entrambas mis hijas, y	*toutes mes deux filles, &*
ſi no venis ambos à	*ſi vous ne venez tous deux*
dos, no os las dare, y	*enſemble, ie ne vous les*
por eſſo digo, que ven-	*donneray pas: & partāt ie*
gays ambos juntos ,	*vous dy, que vous veniez*
que ſera mejor para	*tous deux enſéble, qui ſera*
entrambos.	*le meilleur pour tous deux*

Des Pronoms relatifs.

il y a trois autres Pronoms relatifs, à ſçauoir. Quien
que, qual, *deſquels le premier ſignifie,* qui, *& eſt*
relatif & interrogatif. Exemple, quien dize eſto? *qui*
dit cecy? no ay quien lo haga: *il n'y a perſonne qui le*
face. Que, *eſt ſemblablement interrogatif & relatif,*
& ſignifie auſſi en François, que : *mais il ſe prononce en*
Eſpagnol comme s'il y auoit vn accent aigu, ainſi que
tous les autres, é, *horſmis ceux qui ſont deuant la con-*
ſonante double, leſquels ſe prononcent ouuertement, &
ainſi eſcrit ké, *il veut auſſi dire,* quoy. *Exemple.* Que
es eſto? *qu'eſt cela?* De que habla v. m.? *dequoy par-*
lez vous? Que es lo que yo veo; *qu'eſt- ce que ie voy?*
Eſtant relatif il ſignifie auſſi, qui, *comme pour exem-*
ple: el hombre que yo digo, es el que eſtaua cerca de mi: *l'homme que ie dis, eſt celuy qui eſtoit aupres*
de moy. Que, *ſe prend quelquesfois pour,* qual, *en*
François, quel, *comme :* que hombre es aquel? *quel*

homme est celuy là ? ou quel homme est ce là ? le troisiesme est, qual, qui n'est gueres different de que, & veut dire en François (comme i'ay desia dit) quel, & quelle, & est interrogatif comme les autres. Exemple, Qual hombre o qual muger puede sufrir esto ? *quel homme ou quelle femme peut souffrir cecy ?*

Les Espagno's sent souuent de ces deux particules que tal au lieu de qual, *qui est à dire, quel.* Quelquesfois aussi il signifie, comment, & principalement lors qu'on interroge vne personne de son portement: comme, Que tal se halla v.m. esta mañana ? *Comment* trouuez vous ce matin. Que tal està v.m.? *Comment vous portez vous ? Qual* reçoit pareillement ladite signification: comme. ô qual estoy en este dia; *pour dire, ô comment suis-ie fait auiourd'huy; ou bien, ô comment ie suis fait auiourd'huy ; ce qui se peut dire par forme d'interrogation, & aussi sans icelle.* El qual, laqual, & loqual, *sont composez, & signifient en François, lequel, laquelle; & ce que, pour le neutre: qui est autant à dire comme, laquelle chose, ou quoy ; & se prend aussi pour, ce qui, selon la composition & construction des mots.* Ils se declinent auec l'article comme les autres pronoms, excepté qu', quien & que, n'en ont point au nominatif.

Quant à leurs genres, quien, sert au masculin & feminin, parlant seulement des personnes, & que & qual à tous les trois indifferemment,

La declinaison de, quien, que & qual, simples.

Singulier.

Nom.	Quien, que, qual.
Gen.	de quien, de que, de qual.

Dat. a quien, a que, a qual.
Accuf. quien, o, a quien, que, qual, o a qual.
Ablat. de quien, de que, de, qual.

Plurier.

Nom. Quienes, quales.
Gen. de quienes, de quales.
Dat. a quienes, a quales:
Accuf. quienes, o, a quienes, quales, o a, quales
Ablat. de quienes, de quales.

Que, *n'a point de plurier, &* quienes *s'explique en François, de mesme que le singulier. Exemple*, quien es aquel hombre ? *qui est cest homme là ?* quienes son aquellos ? *qui sont ceux-là ?*

La declinaison de el qual, laqual *&* loqual.

Sing.	*Masc.*	*Fem.*	*Neut.*
Nom.	El qual,	la qual.	lo qual.
Gen.	del qual,	de la qual,	de lo qual.
Dat.	al qual,	a laqual,	a lo qual.
Accuf.	el qual, o, al qual,	la qual, o, a la qual.	lo qual.
Ablat.	del qual,	de la qual,	de lo qual.

Plur.	*Masc.*	*Fem.*
Nom.	los quales,	las quales.
Gen.	de los quales,	de las quales.
Dat.	a los quales,	a las quales.
Accuf.	los quales, o, a los quales,	las quales, o, a las quales.
Ablat.	de los quales.	de las quales.

Exemple de leurs significations.

Alli eſtaua vn hombre, el qual nos dixo muchas coſas, entre las quales nos côto vna hiſto-
ria, la qual otras vezes y o auia leydo, tambien
nos moſtro coſas marauilloſas pintadas en ſu
palacio, y allende deſto tenia en vna recamera,
muchos lindos y muy ricos atauios, todo lo
qual nos cauſo grâde admiracion, y dello que-
damos muy eſpantados, pero todo era hecho
por encantamiêto y arte magica, lo qual ſe viô
claramente, deſpues que ſalimos fuera de alli,
porque todo deſaparecio en vn punto.

Il y auoit là vn homme, lequel nous dit pluſieurs
choſes, entre leſquelles il nous raconta vne hiſtoire, la-
quelle i'auois leuё autresfois, auſſi il nous monſtra des
choſes merueilleuſes, peintes en ſon palais, & outre ce,
il auoit en vn cabinet pluſieurs beaux & fort riches ac-
couſtremens, toutes leſquelles choſes nous cauſerent
vne grande admiration, & en demeuraſme fort eſton-
nez, mais tout eſtoit fait par enchantement & art
magique, ce qui ſe veit clairement, apres que nous ſor-
tiſmes hors de là, car le tout diſparut en vn moment.

Ce mot quiera, (*qui hors la côpoſition ſeroit verbe*)
ſe met fort proprement en compoſition auec quien *&*
qual, *comme* quienquiera, *quiconque,* qualquiera,
quelconque, & au plurier de qual, qualeſquiera, *mais*
quien quiera, *n'en a point. Il ſe trouue auſſi, mais ra-*
rement, que quiera, *côme en ce prouerbe,* Que quiera que digan las gentes, à ti miſmo para miêtes:
quoy que diſent les gens, prends garde à toy meſme: ou
Quequiera *en vn ſeul mot, qui ſeroit compoſé de* que
*& * quiera;

& quiera; ains au lieu d'iceluy on vse de qualquiera
cosa, *quoy que ce soit, ou quelque chose que ce soit. Ils
s'abbregent qu'lquesfois en ostant le dernier a,* & dit-
on quienquier, & qualquier, *mais ie trouue que c'est
en la construction, lors qu'ils precedent d'autres dictions,* & *se fait plus souuent l'abbreuiation en* qua!-
quiera, *d'autant qu'il se construit plus auec le substantif.*

*Il y a aussi d'autres parties d'oraison qui se compo-
sent auec* quiera, *dont il se parlera en temps* & *lieu.*

Des reciproques me, te, se.

Il reste à dire vn mot de ces trois pronoms reciproques
me, te, se, *qui sont du quatriesme cas, seruans quelquesfois au datif, quand ils sont mis auec vn verbe qui
le requiert,* & *quoy que c'en soit, ils ne vont iamais
sans verbe deuant ou apres. Exemple:* Di me lo que
quisieres, y hazer te he cosa de que no gustes
mucho. *Dy moy ce que tu voudras,* & *ie te feray chose
qui ne te plaira pas beaucoup.* No me maltrates assi,
Ne me traittes pas ainsi mal. El se va: Ils s'en va. Que-
xase mucho el hombre.: *L'homme se plaint beaucoup.*

Les Espagnols au datif vsent de se, *quand ils veulent dire,* luy, *ou à* luy, *qui sembleroit estre* le, *mais ledit* le, *n'est reciproque, ains relatif, comme i'ay dit au
chapitre des articles,* & *qui seroit aussi bien accusatif
que datif, comme* dile, llamale: & *disent,* yo se lo dire; yo se lo dare, yo se lo embiare, *qui est autant à
dire que, le luy diray, ie luy donneray, ie luy enuoyeray:
mais il faut sous-entendre la chose qui se pourroit exprimer, en y adioustant,* le, *ou* la. *Exemple.*

D

Yo se lo dare muy bueno : *Ie le luy donneray fort bon.*

Yo se la embiare como es : *Ie la luy enuoyeray comme elle est.*

Yo se lo dixe desta manera : *Ie le le luy dit de ceste façon.*

Il y a encore d'autre meslange de se, auec me, te, & le, & aussi de me, auec te, qui semble façon de parler estrange , laquelle ne correspond gueres au François, comme, No se me da nada, *ie ne m'en soucie pas.*

Deue algo para Pasqua, y hazer se te ha corta la quaresma : *Fais vne debte a payer à Pasques, & tu trouueras le Caresme court.*

No se le cueze el pan : *On ne luy cuit pas du pain, qui veut dire, il n'est pas à son aise.*

Quien eres tu que te me vendes por discreto? *Qui es tu toy, qui penses me faire accroire que tu es quelque habile homme ?*

Item ; Quen te me cubrio de dolor ? *Qui t'a ainsi couuerte de douleur ? i. de dueil.*

O mi señor, y adonde os me lleuan? *O monseigneur, & où vous emporte-on ?*

Ie pourrois encor alleguer beaucoup d'autres exemples, mais les diligens lecteurs le pourront remarquer en lisant les bons liures, & me semble auoir assez dit des Pronoms, il faut venir aux Verbes.

Du Verbe.

Le Verbe est vne partie de l'oraison qui signifie action & passion, dõt sont appellez les verbes actifs & passifs; Les Latins en ont encore d'autres especes ou genres, mais les langues vulgaires n'en cognoissent gueres que ces

deux; Quãt à la coniugaison, encore n'y a-il que l'actif
qui se varie, d'autant que le passif n'a qu'vne seule forme & voix, se seruant seulement du verbe substantif.
Soy, pour sa variation, en tous ses temps personnes &
modes. Il faut donc seulement parler de l'actif, lequel ne
se peut encor coniuguer tout seul, sans l'aide d'vn verbe
auxiliaire, qui est, habeo, en Latin, & en Espagnol se
dit Hauer, en l'Infinitif, & sert iceluy aux preterits,
& aucunement aux futurs, comme il se verra par les
exemples. Or il faudra coniuguer premierement ledit
Verbe Hauer, pour seruir aux autres, mais il sera bon
deuant que venir aux variations, de dire combien il y
a de coniugaisons en la langue Espagnolle, & par mesme
moyen monstrer les modes ou manieres, les temps & les
personnes, qui sont parties des accidens du verbe.

Il y a donc de trois sortes de coniugaisons, en esgard à
l'infinitif, la premiere termine en ar, la secunde en er,
& la troisiesme en ir : mais au respect des secondes personnes du present de l'Indicatif, qui se terminẽt, sçauoir
est celle de la premiere en as, & les autres en es, &
aussi pour le regard de quasi toute la variation des Op-
tatifs & Conionctifs: il n'y en auroit que deux, toutesfois pour plus grande facilité nous en retiendrons trois :
de chacune desquelles il faut mettre quelques verbes cy
apres, pour monstrer leur difference.

Les modes ou manieres sont cinq, comme au Latin, à
sçauoir, Indicatif, autrement Demonstrasif, Imperatif
ou Comandant, Optatif, dit Desideratif ou Souhaitant :
Conionctif ou Subionctif: le dernier s'appelle Infinitif.

Les temps sont trois en premiere denomination, sçauoir est, present, passé & futur: & le passé se diuisant encor en trois, imparfait, parfait, & plus que parfait, ils
seroient cinq : mais es langues vulgaires il, a encore vne

subdiuifion du parfait, en defini & indefini, autrement
determine & abfolu, qui font en fomme fix : prefent,
paffé imparfait, parfait defini, parfait indefini, plus que
parfait, & futur ou aduenir.

Les perfonnes font trois, la premiere qui parle, la
feconde à qui on parle, & la troifiefme de qui on parle.

Les nombres font, fingulier & plurier.

Or deuant que venir aux coniugaifons, lefquelles
nous monftreront les temps, les modes, les perfonnes,
les nombres, & la fignification tout enfemble, d'autant
qu'elles comprennent le tout : il fera bon de mettre icy
les Infinitifs de quelques verbes, de toutes les trois fortes, pour monftrer leurs terminaifons : la premiere fera
de ceux en ar :

Comme,

Amar, *aimer*,	facar, *tirer*.
bufcar, *chercher*.	tomar, *prendre*.
caminar *cheminer*.	vaziar, *vuider*.
dar, *donner*.	xaropar, *medeciner*.
eftar, *eftre*.	La feconde en er.
faxar, *bander*.	Comme.
gaftar, *deffpendre*.	Aprender, *aprendre*.
holgar, *eftre oifif*.	beuer, *boire*.
inuentar, *inuenter*.	correr, *courir*.
jugar, *iouër*.	deuer, *deuoir*.
llamar, *appeller*.	efcoger, *eslire*.
laual, *lauer*.	fenefcer, *finir*.
matar, *tuer*.	guarefcer, *guarir*.
nadar, *nager*.	hazer, *faire*.
oluidar, *oublier*.	impeler, *contraindre*.
pelear, *combattre*.	leer, *lire*.
quebrar, *rompre*.	llouer, *pleuuoir*.
robar, *defrober*.	mouer, *mouuoir*.
	nacer, *naiftre*.

ofrecer, *offrir.*
padescer, *partir.*
querer, ꝺ *ouloir et aymer*
raer, *raser.*
saber, *sçauoir.*
tañer, *sonner.*
ver, *voir.*

Ceux de la 3. sont en ir, *comme:*

Abrir, *ouurir.*
biuir, *viure.*
cubrir, *couurir.*
dezir, *dire.*
eligir, *eslire.*

fingir, *feindre.*
gemir, *gemir.*
herir, *fraper.*
instruir, *instruire.*
luzir, *luire.*
medir, *mesurer.*
nudrir, *nourrir.*
oyr, *ouyr.*
parir, *enfanter.*
reyr, *rire.*
subir, *monter.*
teñir, *teindre.*
venir, *venir.*
vñir, *vnir, ioindre.*

Et d'autant que c'est le passage le p.us difficile en tou-tes les langues, que d'obseruer à propos tous les temps et modes des verbes, il sera force de s'estendre vn peu da-uantage, pour en esclaircir vne partie, considéré qu'il y a vne grande confusion et differéce touchant iceux, entre les langues plus communes en Europe; et principalement entre celles qui deuroient se conformer beaucoup plus qu'elles ne font, ayans vn mesme origine; comme sont l'Italienne, Espagnolle et Françoise. Or pour desbroüil-ler vn peu ceste matiere, ie ne m'amuseray pas tant à distinguer tous les temps, comme les significations, et principalemét en l'Optatif et Conivnctif, lesquels sont quasi semblables, n'ayans autre difference que certai-nes formules et dictions adiointes, qui ont force de de-monstrer la difference d'iceux, lesquelles formules il se-ra bon de metre, à tout le moins la plus-part separé-ment auec leur signification correspondante, afin qu'en les entendant fort bien, il ne soit tousiours besoin de les repeter en chaque verbe, et ce faisant, lesdits Optatif

D iij

& Coniunctif marcheront de pair en coniugât. Ie met-
tray aussi les coniugaisons tout au long, sans renuoyer
(comme plusieurs font) chercher les preterits, qu'ils
mettent à la fin de leurs Grammaires : & afin que les
estudians ne s'ennuient point, aux discours qui seroiés
necessaires à repeter en chaque variation, i'en diray la
meilleure partie, en la coniugaison de ces deux verbes
Hauer & Tener, *que ie feray marcher ensemble, par-*
ce qu'ils n'ont qu'vne signification en François, mais
i'expliqueray leur difference quant à l'vsage ; nous di-
rons donc.

Coniugaison des verbes Hauer
& Tener, *auoir.*

Indicatif present.   *Singulier.*

Yo He,	yo tengo.	*i'ay.*
tu has,	tu tienes,	*tu as.*
a quel ha,	el tiene,	*il a.*

Plurier.

Nosotros hemos y hauemos,	Tenemos,
Nous auons.	
vosotros heys y haueys.	teneys,
vous auez.	
aquellos han,	tienen,
ils ont.	

Passé imparfait.   *Singuler.*

Yo hauia, ouia,	Tenia,	*i'auoy.*
tu auias,	tenias,	*tu auois.*
el hauia,	tenia.	*il auoit.*

Plurier.

Nosotros hauiamos,	Teniamos,	*Nous auôs.*
vosotros hauiades,	teniades,	*vous auiez.*
ellos hauian,	tenian.	*ils auoyent,*

Parfait defini.

Singulier.

Yo vue, o huue,	Tuue,	*i'eus.*
tu vuiste, o ouiste,	tuuiste,	*tu eus.*
El vuo, o ouo,	tuuo,	*il eut.*

Plurier.

Nosotros vuimos,	Tuuimos,	*nous eusmes.*
vosotros vuistes,	tuuistes,	*vous eustes.*
aquellos vuieron,	tuuieron,	*ils eurent.*

Parfait indefini.

Singulier.

Yo he auido,	tenido,	*i'ay eu.*
tu has auido,	tenido,	*tu as eu.*
el ha auido,	tenido,	*il a eu.*

Plurier.

Nosotros hemos y hauemos auido, tenido,

  Nous auons eu.

vosotros haueys hauido, tenido,

  vous auez eu.

ellos han auido, tenido,

  ils ont eu.

Ie vous aduise icy en passant, que les Espagnols ne
sont pas si exactes obseruateurs de ces deux preterits
que les François, car bien souuent ils vsent du defini au
lieu de l'indefini, exemple: Quien dixo esso? qui a dit
cela? yo vi esta mañana al señor N. I'ay veu ce
matin le seigneur N. Item. Por los huessos del padre que me hizo, y de la madre que me parió,
yo te hago dar dos mil palos, en essas espaldas
de molinero. Par les os du pere qui m'a fait, & de la
mere qui m'a enfanté, ie te ferai donner deux mille coups
de baston, sur ces espaules de meusnier: au lieu de dire,
qui me fit, &, qui m'enfanta.

D iiij

Ie trouue outre la diuision que i'ay faite cy deßus du preterit parfait, vn autre certain temps paßé, qui con- uient fort bien à l'Indicatif, & toutesfois semble estre du Conionctif, tant paurce qu'en la langue Latine il en est, qu'außi parce qu'il ne se trouue point sans particule ou aduerbe du temps deuant soy: à sçauoir, quando, despues que, *ou bien* como : *mais d'autant qu'il se conforme beaucoup à l'Indicatif (côme dit est) & außi que le S. Mirande en sa Grammaire l'y met, i'en feray de mesme, y adioustant tousiours vne de ces particules pour marque de recognoissance;outre que la signification Françoise mettra les lecteurs hors de toute difficulté: nous mettrons donc ledit temps (qui est composé & prend pour auxiliaire le defini du mesme preterit par- fait) & l'appellerons:*

Parfait troisiesme.

Sing.	Quando.	Quand.
Yo vue auido,	tenido,	I'eus eu,
tu vuiste auido,	tenido,	tu eus eu.
aquel vuo auido,	tenido,	il eut eu.

Plurier.

Nos. vuimos auido,	tenido,	nous eusmes eu.
vos. vuistes auido,	tenido,	vous eustes eu.
aquellos venieron auido,	tenido,	ils eurent eu.

Plus que parfait. Singulier.

Yo hauia auido,	tenido,	I'auois eu.
tu auias auido,	tenido,	tu auois eu.
el auia auido,	tenido,	il auoit eu.

Plurier.

Nosotros auiamos auido, Tenido,

Nous auions eu.

yosotros auiades auido, tenido,

Vous auiez eu.

aquellos auien auido, tenido, *ils auoient eu.*

Futur ou aduenir. *Singulier.*

Yo auré,	Terne y tendre,	*l'auray.*
tu auras,	ternas y tendras,	*tu auras.*
aquel aurà,	terna y tendra.	*il aura.*

Plurier.

Nosotros auremos, Ternemos y tendremos, *Nous aurons.*

vosotros aureys, terneys y tendreys, *vous aurez.*

ellos auran, ternan y tēdran, *ils auront.*

Il ne se faut pas tromper en prononçant ce futur a-uré, comme plusieurs font en lisant, qui le proferēt comme estant escrit, au-ré, dequoy il se faut bien garder, ains separant l'a ou ha, quand il se met par h, d'auec le vré, où l'v est consone, on dira a-uré.

Les Espagnols ont vn autre futur composé du present, de l'Indicatif, & de l'Bnfinitif, comme s'ensuit.

Second Futur. *Singulier.*

yo he, o, tengo, de hauer; *l'auray, ie dois auoir, ou il faut que i'aye.*

Tu has, o, tienes, de hauer, *tu auras.*

el ha, o, tiene, de hauer, *il aura.*

Plurier.

Nosotros, hemos, o, tenemos de auer. *nous aurons.*

vosotros, aueys, o, teneys, de auer. *vous aurez.*

aquellos han. o, tienen, de auer. *ils auront.*

Quelques-vns pourroient icy fonder vn scrupule pourquoy ie mets l'h quelquesfois, & quelquesfois non, mais ie leur diray, qu'autre que ledit h n'est point lettre, ie n'enfui que la commune façon d'escrire de tous les meilleurs autheurs Espagnols qui en vsent quandil leur eschape de la plume.

Jmperatif. Singulier.

Haue tu	Ten tu,	*Ayes toy.*
aya aquel,	Tenga el,	*qu'il ait.*

Plurier.

Ayamos,	Tengamos nosotros,	*Ayons.*
haued,	Tened vosotros,	*ayez.*
ayan,	Tengan aquellos,	*qu'ils ayent.*

Optatif & Conionctif, au Present & au Future de l'Optatif.

Oxala,	*Dieu vueille que.*
Plega a Dios que.	*Plaise à Dieu que.*
Aunque, dado que.	*Encor que; iaçoit que.*
como quiera que.	*en quelque forte que.*
puesto que.	*comme ainsi soit que.*

Singulier.

Yo aya,	Tenga,	*i'aye.*
tu ayas,	Tengas,	*tu ayes.*
el aya,	Tenga,	*il ait.*

Plurier.

Nosotros ayamos,	Tengamos,	*nous ayons.*
vosotros ayais,	Tengays,	*vous ayez.*
ellos ayan,	Tengan,	*qu'ils ayent.*

I'ay obserué que ce temps & le preterit parfait s'expliquent quelquesfois par le futur de l'Indicatif François, en mettant deuant iceux como, qui vaut autant en ceste signification que quando. Exemple, como yo lo tenga, yo se lo embiare, *quand ie l'auray ie luy enuoyeray:* Cet aduerbe Luego y sert aussi comme, Dixo me que luego que el lo aya acabado de

leer, felo tornara a embiar. *Il m'a dit qu'incontinêt*
qu'il l'aura acheué de lire, il le vous renuoyera. Como
aya oydo aun dos palabras, yo me tengo de yr.
Quand i'auray encor ouy deux mots, ie m'en iray.

Autre prefent du Coniunctif femblable à l'Indicatif.

Pues que, *Puis que, & veu que.*
Singulier.

Yo he,	Tengo,	*i'ay.*
tu has.	tienes,	*tu as.*
aqual ha.	tiene,	*il a, &c.*

Imparfait de tous deux.

Oxala, *Pleuft à Dieu que.*
Pluguieffe a Dios que, *Pleuft à Dieu que.*
Aunque, bien que. *Encor que, bien que.*
Puefto que, dado que. *Iaçoit que.*
Singulier.

Yo vuieffe,	tu uieffe,	*i'euffe.*
tu vuieffes,	tu uieffes,	*tu euffes.*
el vuieffe.	tu uieffe,	*il euft.*

Plurier.

Nofotros vuieffemos, tu uieffemos,
Nous euffions.
rofotros vuieffedes, tu uieffedes,
vous euffiez.
ellos vuieffen, tu uieffen.
ils euffent.

Autrement pour le François auec fes particules.

O fi,	*Optatif.*	*o fi.*
Si	*Conionctif.*	*fi.*

Singulier.

Yo vuieſſe: Tuuieſſe,   *l'auois, &c.*

Plurier.

Noſotros vuieſſemos,   Tuuieſſemos, &c.
Nous auions, & c. comme en l'Indicatif.

Encor autrement ayant cet aduerbe quando d'uant ſoy, ou bien vne marque certaine de temps, auec la particule que.

Sing.	*Quando.*	*Quand.*
Yo vuieſſe.	Tuuieſſe,	*J'aurois.*
tu vuieſſes,	tuuieſſes,	*tu aurois.*
el vuieſſe.	tuuieſſe.	*il auroit.*

Plurier.

Noſotros vuieſſemos,   Tuuieſſemos,
  Nous aurions.

voſotros vuieſſedes,   tuuieſſedes.
  Vous auriez.

ellos vuieſſen,   tuuieſſen.
  ils auroient.

Exemple du verbe dar, Quando yo le dieſſe todo quanto tengo, aun no ſe contétaria. *Quãd ie luy donnerois tout ce que i'ay, encor ne ſe contentcroit il pas.* Quando yo tuuieſſe toda la riqueza de Creſo. *Quand i'aurois toute la richeſſe de Creſus.* Solon Salamino en ſus leyes mãdó à los Atheniéſes, que el dia que vuieſſe vencido alguna batalla, ofrecieſſen a los dioſes grandes ſacrificios. &c. *Solon de Salamine, en ſes loix commanda aux Atheniens que le iour qu'ils auroient gaigné quelque bataille, ils offriſſent aux dieux de grands ſacrifices.*

Parfait.

Oxala.	Dieu vueille que.	
Plega à Dios que.	Plaise à Dieu que.	
Aunque.	Encor que.	
Puesto que.	Iaçoit que.	

Singulier.

Yo aya auido,	Tenido,	I'ay eu.
tu ayas auido,	Tenido,	tu ayes eu.
el aya auido,	Tenido.	il ait eu.

Plurier.

Nos. ayamos auido,	Tenido,	nous ayons eu.
vosotros ayais auido,	Tenido,	vous ayez eu.
ellos ayan auido,	Tenido,	ils ayent eu.

Plus que parfait

Oxala, Pluguiera à Dios que.	Pleust à Dieu que.
O si,	O si
Aunque, Puesto que	Encor que. Iaçoit que.
Si	Si

Singulier.

Yo vuiera,	Tuuiera,	I'eusse eu.
tu vuieras,	Tuuieras,	tu eusses eu.
aquel vuiera,	Tuuiera.	il eust eu.

Plurier.

Nosotros vuieramos,	Tuuieramos.
Nous eussions eu.	
vosotros vuierades,	Tuuierades,
vous eussiez eu	
aquellos vuieran,	Tuuieran,
ils eussent eu.	

Item pour l'Espagnol, auec auxiliaire.

Singulier.

Yo vuieſſe, y vuiera auido, Tenido,

En François comme deſſus. Toutesfois il s'y peut ad-
iouſter, l'aurois eu, &c.

Tu vuieſſes y vuieras, auido, Tenido,

el vuieſſe y vuieras auido, Tenido.

Plurier.

Noſ. vuieſſemos y vuieramos, auido, Tenido.

voſ. vuieſſedes y vuierades, auido: Tenido.

ellos vuieſſen y vuieran, auido, Tenido.

Il y a icy encor vne maniere de variation qui ne ſe
peut appliquer à certain temps, mais s'vſe ayant vn
verbe precedent auec la particule ſi, *ou bien en l'Opta-*
tif auec, de buena gana, *qui ſignifie, volontiers : ou en*
interrogeant, & auſſi ayant deuant ſoy l'aduerbe,
quando. *Mettons la forme, & puis nous en donnerons*
des exemples.

Temps incertain.
Singulier.

Yo hauria, Ternia y tendria, *l'auroy,*

tu haurias, ternias y tendrias, *tu aurois.*

aquel hauria, ternia y tendria. *il auroit.*

Plurier.

Noſ. auriamos, Terniamos y tendriamos,
nous aurions.

voſ. auriades, Terniades y tendriades,
vous auriez.

aquellos aurian, Ternian y tendrian.
ils auroient.

Exemple de l'Optatif. O quan de gana ternia y o

eſſo. *O que volontiers i'auroy cela. Du Conionctif.*
Pregunto me ſi ternia lugar mañana de velle. *il*
m'a demandé ſi i'auroy loiſir de le voir demain. Vine
aca por ſaber quando v. m. tendria dinero para
los ſoldados. *Ie ſuis venu icy pour ſçauoir quãd vous*
auriez de l'argent pour les ſoldats.

Sing.	Quando.	Si.	Quand. Si.
Yo vuiere,	Tuuiere,	*l'auray, i'ay.*	
tu vuiere,	Tuuieres,	*tu auras tu as.*	
el vuiere,	Tuuiere,	*il aura, il a.*	

Plurier.

Noſotros vuiéremos,   Tuuieremos,
    Nous aurons, nous auons.

voſotros vuieredes y   tuuieredes,
   vuierdes,   y tuuierdes,
   vous aurez, vous auez.

aquellos vuieren,   tuuieren,
   ils auront, ils ont.

Il ne faut pas confondre le François en ce futur, car on
ne dira pas, quand i'ay, ains quand i'auray, ny auſſi, ſi
i'auray, mais ſi i'ay : trop biẽ ſe pourroit dire, ſi i'auray,
s'il precedoit quelque autre verbe, comme : ie ne ſçay ſi
i'aurai cela, &c. Vous verrez ſi vous aurez ce que vous
dites: mais en ceſte façon on preſuppoſe touſiours vn
doute.   *Apres le Futur.*

     Sing.   Quando, deſpues que, ſi,
     Quand, apres que, ſi.

Yo vuiere auido,   Tenido.
   l'auray eu, i'ay eu.

tu vuieres auido,   Tenido.
   tu auras eu, tu as eu.

aquel vuiere auido,   Tenido.
   il aura eu, il a eu.

Plurier.

Nof. vuieremos auido,   Tenido,
Nous aurons eu ; nous auons eu.

vof. vuiere des y vuierdes auido, Tenido,
Vous aurez eu ; vous auez eu.

aquellos vuieren auido,   Tenido,
ils auront eu ; ils ont eu.

Ceste forme auec la particule si, en l'vne & l'autre langue, est plus conuenable au passé qu'au futur, ce qui cognoistra par discretion.

Infinitif.

Present.   Auer o auer, tener, *auoir.*
Passé.   Auer auido, tenido, *auoir eu.*
Futur.   Estar por auer, estar por tener,
       estre pour auoir.

hauer de tener, ser por auer, *Deuoir auoir.*
Gerondif. Auiendo, teniendo, *Ayant.*

Reste à dire la difference qu'il y a entre ces deux verbes, quant à l'vsage : Il faut sçauoir que le premier qui est hauer, sert tousiours d'auxiliaire pour la coniugaison des autres verbes, comme il s'est veu en sa mesme variation, & se verra encore cy apres. L'autre qui est Tener, signifie auoir quelque chose en sa puissance, il veut aussi dire, tenir, par toute sa coniugaison, mais d'autant que sa principale signification est, auoir, ie l'ay mis seulement, remettant l'autre à l'estude & iugement des estudians : quelquesfois on trouue tengo, ayant la valeur de l'auxiliaire. comme, yo tengo dicho arriba, au lieu de yo he dicho arriba, i'ay dit cy dessus.

Coniugaison

Coniugaison des verbes Ser & Estar, estre.

Il sera bon de mettre la coniugaison de ces deux Ver-
bes Ser & estar, toute en vne, pour autant qu'ils sont
semblables en signification, encor qu'ils soient differens
en la variation, & quelque peu en l'vsage, comme il se
dira à la fin.

Indicatif present. Singulier.

Yo Soy,	yo Estoy,	*Ie suis,*
tu eres,	tu estas,	*tu es.*
aquel es,	el està,	*il est.*

Plurier.

Nos. somos,	estamos,	*Nous sommes.*
vos. soys,	estays,	*vous estes.*
aquellos son,	estan,	*ils sont.*

Passé imparfait. Singulier.

yo era,	yo estaua,	*i'estois.*
tu eras	tu estauas	*tu estois.*
el era	aquel estaua,	*il estoit.*

Plurier.

Nos. eramos,	estauamos,	*Nous estions.*
vos. erades,	estauades,	*vous estiez,*
aquellos eran,	estauan,	*ils estoient.*

Parfait defini. Singulier.

Yo fui,	yo estùue,	*Ie fus.*
tu fuiste,	tu estuuiste,	*tu fus.*
el fue,	aquel estùuo,	*il fut.*

Plurier.

Nos. fuimos,	estuuimos,	*Nous fusmes.*
vos. fuistes,	estuuistes,	*vous fustes.*
ellos fueron,	estuuieron,	*ils furent.*

E

Yo hé sido,	yo he estado,	*I'ay esté.*
tu has sido,	tu has estado,	*tu as esté.*
el ha sido,	el ha estado,	*il a esté.*

Plurier.

Nos hemos y hauemos sido, estado,

　Nous auons esté

vos haueis sido,	estado,	*vous auez esté.*
ellos han sido,	estado.	*ils ont esté.*

Parfait troisiesme.

Sing.	Quando.	*Quand.*
yo vue sido,	estado,	*Quand.*
tu vuiste sido,	estado,	*I'eus esté.*
el vuo sido,	estado,	*il eust esté.*

Plurier.

Nosotros vuimos sido,	estado,

　Nous eusmes esté.

vosotros vuistes sido,	estado,

　vous eustes esté.

aquellos vuieron sido,	estado,

　ils eurent esté.

Plus que parfait.
Singulier.

yo Auia sido,	estado,	*I'auois esté.*
tu auias sido,	estado.	*tu auois esté.*
el auia sido,	estado,	*il auoit esté.*

Plurier.

Nos. auiamos. sido,	estado,

　Nous auions esté.

vos. auiades sido,	estado,

　vous auiez esté

ellos auian sido	estado.

　ils auoient esté.

Futur.   Singulier.

yo Sere,   estare,   Ie seray.
tu seras,   estaras,   tu seras.
aquel sera,   estara,   il sera.

Plurier.

Nos. Seremos,   estaremos,   Nous serons.
vos. sereys,   estareys   vous serez.
ellos serán.   estarán,   ils seront.

Second Futur.   Singulier.

yo He y tengo de ser, de estar, ie seray, il faut que
   ie sois, ou ie dois estre, &c.
eu has y tienes de ser, de estar.
aquel hay tiene de ser, de estar.

Plurier.

Nos. Hemos y tenemos de ser, de estar.
vos. haueys y teneis de ser,   de estar.

Imperatif. Singulier.

Se tu,   està tu,   Sois toy.
sea aquel,   estè aquel,   qu'il soit.

Plurier.

Seamos nosotros,   estemos nosotros,
   Soyons.
sed vosotros,   estan vosotros,
   soyez.
sean aquellos,   esten aquellos,
   qu'ils soient.

Optatif & Conionctif au present & futur
   de l'Optatif.

Oxala, Plega à Dios que,   Dieu vueille que.
   plaise à Dieu que.

E ij

Aunque, Puesto que.   *Encor que, iaçois qu*
combien que.

Yo sea,	estè,	*Ie sois.*
tu seas,	estes,	*tu sois.*
aquel sea,	esté,	*il soit.*

Plurier.

Nos. seamos,	estemos.	*Nous soyons,*
vos. seays,	esteys,	*vous soyez.*
aquellos sean,	esten,	*ils soient.*

*Autrement pour le Conionctif, comme
en l'Indicatif.*

Pues que.   *Puis que, veu que.*

yo soy,	estoy,	*ie suis.*
tu eres,	estas,	*tu es, &c.*

Imparfait de tous deux.

Oxala, Pluguiesse à Dios que, *Pleust à Dieu qu*
A unque, dado que. *Combien que, iaçoit que.*

Singulier.

yo fuesse,	stuuiesse,	*ie fusse.*
tu fuesses,	estuuiesses,	*tu fusses.*
el fuesse,	estuuiesse.	*il fust.*

Plurier.

Nosotros fuessemos, estuuiéssemos, *nous fussi*
vosotros fuéssedes, estuuiéssedes, *vous fussi*
ellos fuéssen, estuuiéssen, *ils fussent.*

*Autrement pour le François, auec les
particules, o si, & si,   o si, & si.*

Singulier.

yo fuesse, fuesses, fuesse, estuuiesse, estuuiesse
estuuiesse.   *I'estois, tu estois, il estoit.*

Plurier.

Nosotros fuéssemos, fuéssedes, fuessen,

Eſtuuieſſemos, eſtuuieſſedes, eſtuuieſſen.

Nous eſtions, vous eſtiez, ils eſtoient.

Encor autrement auec quando, *&* que.:
ioint la marque du temps.

Singulier.

yo fueſſe, eſtuuieſſe, &c. *Ie ſerois, tu ſerois, il*
ſeroit.

Plurier.

Noſotros fueſſemos, eſtuuieſſemos, *Nous ſe-*
rions, vous ſeriez, ils ſeroient.

Parfait.

Oxala, Plega, à Dios. *Dieu vueille que.*

Aunque, dado que. *Combien que, iaçoit que.*

Singulier.

yo aya ſido,	eſtado,	*I'ay eſté*
tu ayas ſido,	eſtado,	*tu ayes eſté*
el aya ſido,	eſtado,	*il ait eſté.*

Plurier.

Noſ. ayamos ſido,	eſtado,	*Nous ayons eſté.*
voſ ay ais ſido,	eſtado,	*vous ayez eſté.*
ellos ayan ſido,	eſtado,	*ils ayent eſté.*

Plus que parfait.

Oxala, Pluguiera à Dios que.   o ſi.

Pleuſt à Dieu que que.   o ſi.

Aunque, Pueſto que,   ſi.

Encor que. Iaçoit que.   ſi.

Singulier.

yo fuera,	eſtuuiera,	*I'euſſe eſté.*
tu fueras,	eſtuuieras,	*tu euſſes eſté.*
el fuera,	eſtuuiera,	*il euſt eſté.*

Plurier.

Noſotros fueramos,   eſtuuieramos,

Nous euſſions eſté.

vosotros fuerades, estuuierades,
vous eusßiez esté.

aquellos fueran, estuuieran,
ils eußent esté.

  Item auec auxiliaire, pour l'Espagnol.
    Singulier.

yo vuiesse y vuiera sido, estado, *l'eusse, ou auroi esté.*

tu vuiesses y vuieras sido, estado, *tu eusses, ou au rois esté.*

aquelvuiesse y vuiera sido, estado, *il eust, ou auro esté.*   *Plurier,*

Nos. vuiessemos y vuieramos sido, estado
nous eußions, ou aurions esté.

vosotros vuissedes y vuierades sido, estado
vous eußiez ou auriez esté.

aquellos vuiessen y vuieran sido, estado,
ils eußent, ou auroient esté.

    Singulier.

yo seria,	estaria,	*Ie serois.*
tu serias	estarias,	*tu serois.*
aquel seria,	estaria,	*il seroit.*

    Plurier.

Nos. seriamos,	estariamos,	*Nous serions,*
vos. seriades,	estariades,	*vous seriez.*
ellos serian,	estarian,	*ils seroient.*

    Futur du Conionctif.

Sing.	Quando. si.	*Quand. si.*
yo fuere,	estuuiere,	*Ie feray ; ie sui*
tu fueres,	estuuieres,	*tu feras, tu es.*
aquel fuere,	estuuiere,	*il fera, il est.*

    Plurier.

Nos. fueremos, estuuieremos, *Nous serons, nou sommes.*

vos fueredes, y fuerdes, eſtuuiere des y eſtuuier-
des, *vous ſerez, vous eſtes.*

aquellos fueren, eſtuuieren, *ils ſeront, ils ſons.*

Apres le futur.

Quando,	deſpues que,	ſi.
quand.	*apres que,*	*ſi.*

Singulier.

yo vuire ſido, eſtado, *l'auray eſté, i'ay eſté.*

tu vuieres ſido, eſtado, *tu auras eſté, tu as eſté.*

el vuiere ſido, eſtado, *il aura eſté, il a eſté.*

Plurier.

Noſ. vuieremos ſido, eſtado,

Nous aurons eſté, nous auons eſté.

voſ. vuieredes y vuierdes ſido, eſtado,

Vous aurez eſté, vous auez eſté.

aquellos vuieren ſido, eſtado,

ils auront eſté, il ont eſté.

Preſent. Ser, eſtar, *eſtre.*

Paſſé, auer ſido, eſtado, *auoir eſté.*

Futur. auer de ſer, de eſtar : eſtar por ſer. *De-*
uoir eſtre.

Gerondif. Siendo, eſtando, *eſtant.*

La difference qu'il y a en l'acception de ſer, & eſtar
conſiſte en ce que ſer ſignifie l'eſſence de quelque choſe,
denotant qualité ou quantité, comme ſer bueno, ſer
malo, ſer grande, pequeño, tuerto, coxo, &c.
Mais eſtar ſignifie eſtre en quelque lieu, comme yo
eſtoy en Roma, yo he eſtado en Paris : *Ie ſuis à*
Rome, i'ay eſté à Paris.

Il faut noter icy qu'en demandant comme vne perſonne ſe porte, les Eſpagnols vſent de ce verbe eſtar, &
diſent cómo eſta v. m. ? comment vous portez vous,
& reſpondent auſſi par le meſme diſant, eſtoy bueno,

estoy malo *ou bien sans le verbe:* bueno *para seruir a v. m. bien pour vous seruir: & quelquesfois aussi en postposant le verbe: comme,* bueno, estoy, *ie me porte bien:* malo estoy, *ie me porte mal.* No estoy muy bueno, *ie ne me porte pas trop bien. Là où il se void que* bueno *&* malo, *ne signifient pas en cet endroit, bon & mauuais, mais plustost, bien & mal, aduerbes. En somme l'on vse de* estar *en tout ce qui concerne affection ou passion de l'ame, comme* ayrado esta, *il est en cholere.*

Or pour autant qu'il me semble, auoir assez clairemēt demonstré la distinction des temps & modes, auec les particules adiointes, & aussi les personnes & nombres, és coniugaisons de ces quatre verbes, hauer, tener, ser *&* estar; *Desquels le premier sert d'auxiliaire aux verbes actifs, & le troisiesme qui est* ser, *aide aux passifs; I'ay pensé qu'il ne seroit necessaire, de repeter d'auantage le tout par le menu, mais seulement mettre les mots d'ordre comme ils se varient, auec la signification en François opposite, afin d'occuper moins de lieu: ioint aussi que celuy qui les estudiera, ne s'obligera pas à les apprendre par cœur & par ordre comme le Donat. Et encor que ces coniugaisons cy deuant, touchent à la premiere & seconde., neantmoins pour n'estre par ordre & aussi que c'est seulement vne monstre & reigle des autres, pour le regard des temps: il sera bon de recommencer par ceux qui ont leur Infinitif en* ar, *comme estans de la premiere, & mettrons* Amar *au premier rang.*

Coniugaison du verbe Amar, *aimer.*

Indicatif present.

Yo Amo,　　　　　　　　　I'ayme,

tu amas,	*tu aimes.*
aquel ama,	*il aime.*
nofotros amámos,	*nous aimons.*
vofotros amáys,	*vous aimez.*
aquellos áman,	*ils aiment.*

Imparfait.

yo amáua,	*l'aimois.*
tu amáuas,	*tu aimois.*
el amáua,	*il aimoit.*
nof. amáuamos,	*nous aimions.*
vof. amáuades,	*vous aimiez.*
ellos amáuan,	*ils aimoient.*

Parfaict defini.

Yo amè,	*J'aimay.*
tu amáfte,	*tu aimas.*
el amò,	*il aima.*
nof. amámos,	*nous aimafmes.*
vof. amaftes.	*vous aimaftes.*
ellos amáron,	*ils aymerent.*

Parfait indefini.

yo he amado,	*l'ay aimé.*
tu has amado,	*tu as aimé.*
el ha amado,	*il a aimé.*
nof. hemos o hauemos	*nous auons aimé*
omado,	
vof. haueys amado,	*vous auez aymé.*
ellos han amado,	*ils ont aimé.*

Parfait troifiefme.

Quando.	Quand.
yo vue amado,	*i'eu aimé.*
tu vuifte amado,	*tu eus aimé.*
el vuo amado,	*il eut aimé.*
nof. vuimos amado,	*nous eufmes aimé.*

voſ. vuiſtes, amado,	*vous euſtes aimé.*
ellos vuieron amado,	*ils eurent aimé.*

Plus que parfait.

yo auia amado,	*J'auois aimé.*
tu auias amado,	*tu auois aimé.*
aquel auia amado,	*il auoit aimé.*
noſ. auiamos amado,	*nous auions aimé.*
voſ. auiades amado,	*vous auiez aymé.*
ellos auian amado,	*ils auoient aimé.*

Futur.

yo amarè,	*l'aimeray.*
tu amaras,	*tu aimeras.*
el amara.	*il aimera.*
noſ. amarémos,	*nous aimerons.*
voſ. amaréys,	*vous aimerez.*
aquellos amáran,	*ils aimeront.*

Futur second.

yo he, o tengo de amar. *l'aimeray, ou il faut que i'ayme, & ie dois aimer.*

tu has de amar.

el ha de amar.

noſ. hemos de amar.

voſ. haueys de amar.

ellos han de amar.

Imperatif.

Ama tu,	*Aime toy.*
ame aquel,	*qu'il aime.*
amenos noſotros.	*aimons.*
amad voſotros,	*aimez.*
amen aquellos,	*qu'ils aiment.*

Optatif & Conionctif, au preſent & au futur de l'optatif.

Oxala, aunque, &c.   *Dieu vueille que, Cobie que,*

yo ame,	*J'aime.*
tu ames,	*tu aimes.*
el ame,	*il aime.*
nof. amemos,	*nous aimions.*
vof. ameys,	*vous aimiez.*
ellos amen.	*ils aiment.*

  Autrement pour le Conionctif comme
    en l'Indicatif.

Pues.	*Puis que, veu que.*
yo amo,	*J'ayme.*
tu amas, &c.	*tu aimes. &c.*

    Imparfait.

Oxala,	*pleust à Dieu que.*
Aunque.	*Combien que.*
yo amasses,	*J'aimasse.*
tu amasses,	*tu aimasses.*
el amasse,	*il aimast.*
nof. amassemos,	*nous aimassions.*
vof. amassades,	*vous aimassiez.*
ellos amassen,	*ils aimassent.*

 Autrement comme en l'Indicatif pour le François.

Ofi, fi.	*O si, si.*
yo amasse,	*J'aimois.*
tu amasses,	*tu aimois.*
el amasse, &c.	*il aimoit.*

  Encor autrement pour le François.

Quando.	*Quand.*
yo amasse,	*J'aimerois.*
tu amasses,	*tu aimerois.*
el amasse,	*il aimeroit.*
nof. amassemos,	*nous aimerions.*
vof. amassedes,	*vous aimeriez.*
ellos amassen,	*ils aimeroient.*

Parfait.

Plega a Dios que.	*Plaise à Dieu que.*
Aunque,&c.	*Combien que.*
yo aya amado,	*i'aye aymé.*
tu ayas amado,	*tu ayes aimé.*
el aya amado,	*il ait aimé.*
nof. ayamos amado,	*nous ayons aimé.*
vof. ayais amado,	*vous ayez aimé.*
ellos ayan amado,	*ils ayent aimé.*

Plus que parfait.

Oxala, &c.	*Pleust à Dieu que.*
Aunque, &c.	*Combien que.*
yo amára,	*i'eusse aimé.*
tu amáras,	*tu eusses aimé.*
el amára,	*il eust aimé.*
nof. amáramos,	*nous eußions aimé.*
vof. amárades,	*vous eußiez aimé.*
ellos amáran,	*ils eußent aimé.*

Autrement auec auxiliaire.

Oxala, Aunque, &c.

Yo vuieffe y vuiera amado, *l'eusse, ou i'auroy aimé,*

tu vuieffes y vuieras amado, *tu eusses, ou aurois aimé.*

el vuieffe y vuiera amado, *il eust, ou auroit aimé.*

nof. vuieffemos y vuieramos amado, *nous euffions, ou aurions aimé.*

vof. vueiffedes y vuierades amado, *vous eußiez, ou auriez aimé.*

ellos vuieffen y vuieran amado, *ils eußent, ou auroient aimé.*

Temps incertain.

Yo amaria,	*i'aimeroy.*
tu amarias,	*tu aimerois.*

el amaria,	*il aimeroit.*
nof. amariamos,	*nous aimerions.*
vof. amariades,	*vous aimeriez.*
ellos amarian,	*ils aimeroient.*

Futur du Conionctif.

Quando. Si.   *Quand.* *Si.*

yo amáre,	*l'aymeray i'ayme.*
tu amáres,	*tu aimeras, tu aimes.*
el amáres,	*il aimera, il aime.*
nof. amáremos,	*nous aimerons, nous aimons.*
vof. amáredes, & amár-	*vous aimeriez, vous aimez.*
[des	
ellos amáren,	*ils aimeront, ils aimerent.*

Apres le Futur.

Quando, defpues que. Si.

Quand, apres que.   *Si.*

yo vuiere amado,	*J'ayray aimé, i'ay aimé.*
tu vuieres amado,	*tu auras aimé, tu as aimé.*
el vuiere amado,	*il aura aimé, il a aimé.*
nof. vuiéremos amado,	*nous aurons aimé, nous a-*
nous aimé.	
vof. vuiéredes y vuiér-	*vous aurez aimé, vous a-*
des amado,	*uez aimé.*
ellos vuiéren amado,	*ils aurôt aimé, ils ont aimé.*

Infinitif.

| *Prefent.* | Amar. | *Aimer.* |
| *Paffé.* | auer amado, | *auoir aimé.* |

Futur. auer de amar, *deuoir aimer:* eftar por amar, y fer por amar, *eftre pour aimer.*

Gerondif. amando, *aimant.*

Autre coniugaifon en ar. du verbe Hablar, *parler.*

Indicatif prefent.

| Yo Hablo, | *Ie parle.* |
| hablas, | *tu parles.* |

habla,	il parle.
hablemos,	nous parlons.
hablays,	vous parlez.
hablan,	ils parlent.

Imparfait.

yo hablaua,	Ie parlois.
hablauas,	tu parlois.
hablaua,	il parloit.
habláuamos,	nous parlions.
habláuades,	vous parliez.
hablauan,	ils parloient.

Parfait defini.

yo hablé,	Ie parlay.
hablaste,	tu parlas.
hablò,	il parla.
hablamos,	nous parlames.
hablastes,	vous parlastes.
hablaron,	ils parlerent.

Parfait indefini.

| Yo he hablado, | I'ay parlé. |
| has hablado, &c. | tu as parlé. |

Parfait troisiesme.

Quando,	Quand.
yo vue Hablado,	I'eu parlé.
vuiste hablado, &c.	tu eus parlé, &c.

Plus que parfait.

| Yo hauia hablado, | I'auoy parlé. |
| auias hablado, &c. | tu auois parlé, &c. |

Futur premier.

Yo hablarè,	Ie parleray.
hablaras,	tu parleras.
hablará,	il parlera.
hablarémos,	nous parlerons.

hablareys,   *vous parlerez.*

hablarán,   *ils parleront.*

Futur second.

yo he y tengo de hablar, *ie parleray, ou il faut que ie*

  parle, ie dois parler, & c.

has y tienes de hablar.

ha y tiéne de hablar, &c.

Imperatif.

Habla tu,   *Parles toy.*

hable aquel.   *qu'il parle.*

hablemos noſotros,   *parlons.*

hablad voſotros.   *parlez.*

hablen aquellos,   *qu'ils parlent.*

Optatif & coniunctif, Preſent & futur de l'optatif.

  Oxala, Aunque, &c.   *Dieu vueille que.*

Combien que.

Yo hable,   *Ie parle.*

hables,   *tu parles.*

hable,   *il parle.*

hablemos,   *nous parlions.*

hableys,   *vous parliez.*

hablen,   *ils parlent.*

Autrement pour le Conionctif comme en l'Indicatif.

Pues, pueſque.   *Veu que, puis que.*

yo hablo,   *Ie parle.*

hablas, &c.   *tu parles.*

Imparfait.

  Oxala, Aunque, &c.   *Pleuſt à Dieu que.*

Combien que.

Yo hablaſſe,   *Ie parlaſſe.*

hablaſſes,   *tu parlaſſes.*

hablaſſe,   *il parlaſt.*

hablaſſemos,   *nous parlaſſions.*

hablaſſedes,   *vous parlaſsiez,*
hablaſſen,   .   *ils parlaſſent.*

*Autrement pour le François comme
en l'Indicatif.*

O ſi. ſi.   *Oſi. ſi.*
yo hablaſſe,   *Ie parlois ,*
hablaſſes, &c.   *tu parlois, &c.*

*Encor autrement pour le François auec la
particule,* Quando.

Quando.   *Quand.*
yo hablaſſe,   *Ie parleroy.*
hablaſſes,   *tu parlerois.*
hablaſſe,   *il parleroit.*
hablaſſemos, &c.   *Nous parlerions , vous par-
leriez, ils parleroient.*

Parfait.

Ozala, Plega à Dios que.   *Dieu vueille que.*
Aunque, &c.   *Combien que, &c.*
Yo aya hablado,   *I'aye parlé.*
ayas hablado,   *tu ayes parlé.*
aya hablado,   *il ait parlé.*
ayamos, ayais, ayan   *nous ayons , vous ayez , il
hablado.   ayent parlé.*

Plus que parfait.

Oxala, Pluguiera à Dios que. *Pleuſt à Dieu*
Aunque, &c.   *Encor que, &c.*
yo hablára,   *I'euſſe parlé.*
habláras,   *tu euſſes parlé.*
hablára,   *il euſt parlé.*
hablára mos,   *nous euſſions parlé.*
hablárades,   *vous euſsiez parlé.*
hábláran,   *ils euſſent parlé.*

ſten

Item auec auxiliaire.

Oxala, Aunque. *Pleust à Dieu que, Combien que.*

Yo vuiesse y vuiera hablado, *l'eusse & i'auroy parlé.*

vuiesses y vuieras hablado, *tu eusses & aurois parlé. &c.*

Temps incertain.

Yo hablaria,	*Ie parleroy.*
hablarias,	*tu parlerois.*
hablaria,	*il parleroit.*
hablariamos,	*nous parlerions.*
hablariades,	*vous parleriez.*
hablarian,	*ils parleroient.*

Futur du Conionctif.

Quando. Si.	Quand. Si.
Yo habláre,	*Ie parleray, ie parle.*
habláres.	*tu parleras, tu parles.*
habláre,	*il parlera, il parle.*
habláremos,	*nous parlerons, nous parlös.*
habláredes y hablardes,	*vous parlerez, vous parlez.*
habláren,	*ils parleront, ils parlent.*

Apres le futur.

Quando, despues que.	Si.
Quand, apres que.	*Si.*
Yo vuiere hablado,	*I'auray parlé, i'ay parlé.*
vuieres hablado,	*tu auras parlé, tu as parlé.*
vuiere hablado,	*il aura parlé, il a parlé*
vuiéremos hablado,	*nous aurons parlé nous auös parlé.*
vuiéredes y vuierdes hablado,	*vous aurez parlé, vous auez parlé.*
vuiéren hablado,	*ils auront parlé, ils ont parlé.*

E

Infinitif.

Present.	Hablar,	*Parler.*
passé.	auer hablado,	*auoir parlé.*
Futur.	auer de hablar.	*denoir parler.*
	estar por hablar,	*estre pour parle*
Gerondif.	Hablando.	*parlant.*

Coniugaison du verbe Holgar, qui a plusieurs significations : comme sont, *se resiouir*, *se recreer*, *estre bie*
aise, *se donner du bon temps*, *se reposer*, *chomer*, *ne rie*
faire, *reprendre haleine* : de toutes lesquelles nous pren-
drons *se resiouir*; *et* faut sçauoir qu'il se construit au
me, te, se, *et* quelquesfois sans iceux, mais ils y son
entendus.

Indicatif present.

Yo me huelgo,	*Ie me resiouy.*
tu te huelgas,	*tu te resiouis.*
el se huelga.	*il se resiouit.*
nosot.nos holgamos,	*nous nous resiouissons.*
vosot.os holgays,	*vous vous resiouissez.*
ellos se huelgan.	*ils se resiouissent.*

Passé imparfait.

yo holgaua,	*Ie me resiuissoy.*
holgauas,	*tu te resiouissois.*
holgaua,	*il se resiouissoit,*
holgáuamos,	*nous nous resiouissions.*
holgáuades,	*vous vous resioussiez.*
holgáuan,	*ils se resiouissoient.*

Il ne sera ia besoin de repeter ces pronoms me, te, se,
nos, *et* os, à l'Espagnol, d'autant qu'ils ne se trouuent
pas tousiours, *et* suffira de les soubs-entendre : mai
quant au François en ceste signification, on ne s'en peut
passer, d'autant que ce verbe a la voix du passif, *et* requiert ces reciproques.

Parfait defini.

yo holguè,	Ie me refiouy.
holgafte,	tu te refiouis.
holgò,	il fe refiouit.
holgamos,	nous nous refiouifmes.
holgaftes,	vous vous refiouiftes.
holgaron,	ils fe refiouirent.

Parfait indefini.

yo he holgado,	Ie me fuis refiouy.
has holgado, &c.	tu t'es refiouy, &c.

Parfait troifiefme.

Quando,	Quand.
yo vue holgado,	Ie me fus refiouy.
vuifte holgado, &c.	tu te fus refiouy, &c.

Plus que parfait.

yo auia Holgado,	Ie m'eftoy refiouy.
auias holgado, &c.	tu t'eftois refiouy, &c.

Futur.

Yo holgarè,	Ie me refiouiray.
holgaras,	tu te refiouiras.
holgarà,	il fe refiouira.
holgaremos,	nous nous refiouirons.
holgareys,	vous vous refiouirez.
holgaran,	ils fe refiouiront.

Futur fecond.

yo he de holgar y tengo de holgar, Ie me refioui-
ray, il faut que ie me refiouiffe, &c.

Imperatif.

huelgate tu,	Refiouis toy.
huelguefe aquel,	qu'il fe refiouiffe.
holguemos nof.	refiouiffons nous.
holgad vof.	refiouiffez vous.
huelguenfe ellos.	qu'ils fe refiouiffent.

Optatif & Conionctif, Present &
Futur de l'Optatif.

Oxala, Aunque, &c,   *Dieu vueille que.*
    Combien que.

Yo Huelgue	*Ie me resiouïsse.*
huelgues,	*tu te resiouïsses.*
huelgue,	*il se resiouïsse.*
holguemos,	*nous nous resiouïssions.*
holgueys.	*vous vous resiouïssiez.*
huelguen.	*ils se resiouïssent.*

Autrement pour le Conionctif, comme
en l'Indicatif.

Puesque, pues.	*Puisque, veu que.*
yo Huelgo,	*Ie me resiouy.*
huelgas, &c.	*tu te resiouïs.*

Imparfait.

Oxala,, Pluguiesse a Dios que, Aunque,&c
  pleust à Dieu que. Encor que.

Yo holgasse,	*Ie me resiouïsse.*
holgasses,	*tu te resiouïsses.*
holgasse,	*il se resiouïst.*
holgassemos,	*nous nous resiouïssions.*
holgassedes,	*vous vous resiouïssiez.*
holgassen,	*ils se resiouïssent.*

Autrement pour le François, comme en
l'Indicatif.

O si. Si.	*Osi. si.*
Yo holgasse,	*Ie me resiouïssoy.*
holgasses, &c.	*tu te resiouïssois, &c.*

Encor autrement pour les François avec la
  particule, Quando.   *Quand.*

Yo holgasse	*Ie me resiouïray.*
holgasses,	*tu te resiouïrois.*

holgaſſe, &c.   *il ſe reſiouiroit, &c.*

Voyez cy deſſous au temps Incertain pour le reſte du François.

Parfait.

Oxala, Plega, a Dios que	*Plaiſe à Dieu que.*
Aunque, &c.	*Encor que, &c.*
yo aya Holgado,	*Ie me ſois reſiouy.*
ayas holgado,	*tu re ſois reſiouy,*
aya holgado	*il ſe ſoit reſiouy.*
ayamos holgado,	*nous nous ſoyons reſiouy.*
ayais holgado,	*vous vous ſoyez reſiouy.*
ayan holgado,	*ils ſe ſoient reſiouy.*

Plus que parfait.

Oxala Aunque,	*Pleuſt a Dieu que. Encor que.*
Yo holgára,	*Ie me fuſſe reſiouy.*
holgarás,	*tu te fuſſes reſiouy,*
holgára,	*il ſe fuſſe reſiouy,*
holgáramos,	*nous nous fuſſions reſiouy.*
holgárades,	*vous vous fuſſiez reſiouy.*
holgáran,	*il ſe fuſſent reſiouy,*

Item auec l'auxiliaire.

yo vuieſſe y vuiera holgado, &c. *Ie me fuſſe reſiouy, & ie me ſeroy reſiouy.*

Temps incertain.

Yo holgaria,	*Ie me reſiouiroy.*
holgarias,	*tu te reſiouirois.*
holgaria,	*il ſe reſiouiroit.*
holgariamos,	*nous nous reſiouirons.*
holgariades,	*vous vous reſiouiriez.*
holgarian,	*ils ſe reſiouiroient.*

Futur du Conionctif.

Quando. Si.   *Quand. Si.*

yo holgáre, *Ie me reſiouiray: ie me reſiouy, &c. côme*

au preſent de l'Indicatif, pour le regard de la ſecond
ſignification, auec la particule ſi.

holgáres,	*tu te reſiouiras.*
holgáre,	*il ſe reſiouira.*
holgáremos,	*nous nous reſiouirons.*
holgaredes,	*vous vous reſiouirez.*
holgáren,	*ils ſe reſiouiront.*

Apres le futur.

Quando, deſpues que.		Si.
Quand, apres que.		*Si.*

yo vuiere Holgado, *Ie me ſeray reſiouy : ie me ſe*
reſiouy.

vuieres holgado, *tu te ſeras reſiouy, &c.*

Infinitif.

Preſent.	holgar,	*ſe reſiouyr.*
paſé.	auer holgado,	*s'eſtre reſiouy.*
Futur.	auer de holgar,	*ſe denoir reſiouir.*
	eſtar por holgar,	*eſtre pour ſe reſiou*

I'ay mis ce verbe, *parce qu'il eſt aucunement irreg*
*lier, & difficile à coniuguer : car l'*o *de l'infiniti*
change ſouuent en ve, *meſme en l'Indicatif, car de l'in*
finitif holgar, *ſe fait* huelgo, *mais non pas en tou*
les perſonnes, côme il ſe voit en liſant diligément tou
la coniugaiſon. Il ſe fait auſſi de ſemblables changem
és autres coniugaiſons, car Poder *fait* puedo, Mori
muero, *& beaucoup d'autres, deſquels nous mettr*
vne quantité pour exemples : mais il faut premiere
en coniuguer vn des reguliers de la ſeconde, qui term
ne ſon Infinitif en er .

Coniugaiſon du verbe Leer, *lire.*

Indicatif preſent.

Yo leo,　　　　　*Ie ly.*

tu lees,	*tu lis,*
el lee,	*il lit.*
nos. leemos,	*nous lisons.*
vos. leeys,	*vous lisez.*
ellos leen.	*ils lisent.*

Imparfait.

yo leya,	*Je lisoy.*
leyas,	*tu lisois.*
leya,	*il lisoit.*
leyamos,	*nous lisions.*
leyades,	*vous lisiez.*
leyan,	*ils lisoient.*

Parfait defini.

yo ley,	*Je leu.*
leyste,	*tu leus.*
leo,	*il leut.*
leymos,	*nous leusmes.*
leystes,	*vous leustes.*
leyeron,	*ils leurent.*

Parfait indefini.

yo he leydo.	*I'ay leu.*
has leydo, &c.	*tu as leu, &c.*

Parfait troisiesme.

Quando.	*Quand.*
yo vue Leydo,	*I'eu leu.*
vuiste leydo, &c.	*tu eus leu, &c.*

Plus que parfait.

yo auia leydo,	*I'auoy leu.*
auias leydo, &c.	*tu auois leu, &c.*

Futur.

yo leerè,	*le liray*
leeras,	*tu liras.*
leerá,	*il lira.*

leeremos,	*nous lirons.*
leereys,	*vous lirez.*
leerán,	*ils liront.*

Futur 2.

yo he y tengo de leer. *Ie liray, & il faut que ie life,*
has y tienes de leer. *tu liras, & il faut que tu li-*
fes, &c.

Imperatif.

Lee tu,	*Lis toy,*
lea aquel,	*qu'il life.*
leamos nofotros,	*lifons,*
leed vofotros.	*lifez.*
lean aquellos,	*qu'ils lifent.*

Optatif & Conionctif, Prefent & Futur
del'optatif.

Oxala, Aunque, &c.   *Dieu veille que.*
    Encor que.

yo lea,	*ie life.*
leas,	*tu lifes*
lea,	*il life.*
leamos,	*nous lifons,*
leays,	*vous lifiez.*
lean,	*ils lifent.*

Autrement pour le Coniontif, comme
en l'Indicatif.

Pues.	*Puis que, veu que,*
yo leo,	*ie ly.*
lees, &c.	*tu lis, &c.*

Imparfait.

Oxala, Aunque, &c.   *Pleuft à Dieu que,*
    Combien que.

| yo leyelle, | *ie leuffe,* |
| leyelles, | *tu leuffe.* |

leyeſſe,	*il leuſt.*
leyéſſemos,	*nous leuſsions.*
leyéſſedes,	*vous leuſsiez.*
leyéſſen,	*ils leuſſent.*

Autrement pour le François comme
en l'Indicatif.

O ſi.	Si.	O ſi. Si.
yo leyeſſe,		*ie liſoy.*
leyeſſes, &c.		*tu liſois, &c.*

Encor autrement pour le François auec la diction.

Quando.	Quand.
yo leyeſſe,	*ie liroy.*
leyeſſes, &c.	*tu lirois, il liroit, nous li-*

rions, vous liriez, ils liroient.

Parfait.

Oxala, Aunque, &c. *Dieu vueille que*
Combien que.

yo aya leydo,	*i'aye leu.*
ayas leydo,	*tu ayes leu.*
aya leydo,	*il ait leu.*
ayamos leydo,	*nous ayons leu.*
ayais leydo,	*vous ayez leu.*
ayan leydo,	*ils ayent leu.*

Plus que parfait.

Oxala, Aunque. *Pleuſt à Dieu que. Iaçoit que.*

yo leyera,	*i'euſſe leu.*
leyeras,	*tu euſſes leu.*
leyera,	*il euſt leu.*
leyéramos,	*nous euſsions leu.*
leyérades,	*vous euſsiez leu.*
leyéran.	*ils euſſent leu.*

Item auec l'auxiliaire.

yo vuieſſe y vuiera leydo, *i'euſſe, & i'auroy leu.*

vuieſſes y vuieras ley do , &c. *tu euſſes, & auuois leu, &c.*

Temps incertain.

yo leeria,	*Je liroy.*
leerias,	*tu lirois.*
leeria,	*il liroit.*
leeriamos,	*nous lirions.*
leeriades,	*vous lirieʒ.*
leerian,	*ils lieroient.*

Futur du Coniontif.

Quando. Si.　　　*Quand. Si.*

yo leyere,	*Je liray, ie ly.*
leyeres,	*tu liras, tu lis.*
leyere,	*il lira, il lit.*
leyremos,	*nous lirons; nous liſons.*
leyeredes y leyerdes,	*vous lireʒ, vous liſeʒ.*
leyeren,	*ils liront, ils liſent.*

Apres le futur.

Quando, deſpues que.　　Si.

Quand,　apres que.　　　Si.

yo vuiere ley do,	*J'auray leu, i'ay leu.*
vuieres ley do, &c.	*tu auras leu, tu as leu, &c.*

Infinitif.

Preſent.	Leer,	*lire.*
Paſſé.	auer ley do,	*auoir lieu,*
Futur.	auer de leer,	*deuoir lire.*
	ſer para leer, o eſtar para leer,	*eſtre pour lire.*
Gerondif.	leyendo,	*liſant.*

Le verbe V er n'eſt gueres different de ceſtuy-cy, & n'y trouue à dire ſinon qu'il perd ſouuent ſon premier e, d'autant que leer en a deux, & ver n'en a qu' vn en l'Infinitif: En ſes preterits il a viſto, & non pas vey-

do, *Il se trouve quelquesfois en la premiere & troisiesme personne du parfait defini de l'Indicatif,* vide *&*
vido, *au lieu de* vi *& de* vio.

Il y a encor le verbe Creer, *qui se varie tout ne plus
ne moins que* Leer, *& fait mesme en ses preterits* cre-
ydo, *au Present il a* creo, *en l'Imparfait* creya, *au
Parfait* crey, *& au reste* creerè, creyesse, creyera,
creeria, creyere, &c.

Coniugaison du verbe Querer, *qui signifie vouloir
& aimer.*

Indicatif present.

yo Quiero,	*Ie veux, i'aime, &c. voyez*
en amo, *tout du long, pour le regard de, i'aime.*	
quieres,	*tu veux.*
quiere,	*il veut.*
queremos,	*nous voulons.*
quereys,	*vous voulez.*
quieren,	*ils veulent.*

Passé Imparfait.

yo queria,	*Ie vouloy.*
querias,	*tu voulois.*
queria,	*il vouloit.*
queriamos,	*nous voulions.*
queriades,	*vous vouliez.*
querian,	*ils vouloient.*

Parfait defini.

Yo quise,	*Ie voulus.*
quesiste,	*tu voulus,*
quiso,	*il voulut.*
quesimos,	*nous voulumes.*
quesistes,	*vous voulustes,*
quisieron,	*ils voulurent.*

Parfait indefini.

yo he Querido, &c.　　　I'ay voulu, &c.

parfait troisiesme.

Quando.　　　　　　Quand.

yo vue querido,　　　Ieu voulu. &c.

Plus que parfait.

yo auia querido,　　　I'auoy voulu, &c.

Futur.

Yo querrè,　　　　　Ie voudray.
querás,　　　　　　tu voudras.
querrà,　　　　　　il voudra.
queremos,　　　　　nous voudrons.
querreys,　　　　　vous voudrez.
queran,　　　　　　ils voudront.

Futur second.

Yo he y tengo de querer, Ie voudray, & il faut que
ie vueille, &c.

Imperatif.

Quier tu,　　　　　aimes toy.
quiera el,　　　　　qu'il aime.
queramos nosotros,　aimons.
quered vosotros ,　　aimez.
quieran aquellos,　　qu'ils aiment.

*Optatif & Conionctif, present & Futur
de l'Optatif.*

Oxala, Aunque, &c. *plaise à Dieu que. Encor que.*
Yo quiera,　　　　Ie vueille.
quieras,　　　　　tu vueilles.
quiera,　　　　　　il vueille.
queramos,　　　　nous vueillions.
querays,　　　　　vous vueilliez.
quieran,　　　　　ils vueillent.

Autrement pour le Coniontif.

Pues,	Puis que, veu que.
Yo quiero,	Ie veux.
tu quieres, &c.	tu veux, &c. comme en
l'Indicatif.	

Imparfait.

Oxala, Aunque, &c.	Pleust à Dieu que. Encor que.
Yo quisiesse.	Ie voulusse.
quisiesses,	tu voulusses.
quisiesse,	il voulust.
quisiéssemos,	nous voulussions.
quisiéssedes,	vous voulussiez.
quisiéssen,	ils voulussent.

Autrement pour le François comme en l'Indicatif.

O si. Si.	O si. Si.
Yo quisiesse,	Ie vouloy & voulois.
quisiesses, &c.	tu voulois, &c.

Encor autrement pour le François auec.

Quando.	Quand.

Yo quisiesse, quisiesses, &c. Ie voudroy : tu voudrois, il voudroit : nous voudrions, vous voudriez, ils voudroient.

Imparfait.

Oxala, Aunque, &c.	Plaise à Dieu que.
Encor que.	
yo aya querido,	I'aye voulu,
ayas querido,	tu ayes voulu.
aya querido,	il ait voulu.
ayamos querido,	nous ayons voulu.
ayais querido,	vous ayez voulu.
ayan querido,	ils ayent voulu.

Plus que parfait.

Oxala, Aunque, &c. *Pleust à Dieu que.*

 Encor que.

yo quiſiera,	*l' euſſe voulu.*
quiſieras,	*tu euſſes voulu.*
quiſiera,	*il euſt voulu.*
quiſieramos,	*nous euſsions voulu.*
quiſierades,	*vous euſsiez voulu.*
quiſieran,	*ils euſſent voulu.*

Item auec l'auxiliaire.

yo vuieſſe y vuiera querido, *l'euſſe, ou i'auroy*
 voulu.

vuieſſes y vuieras querido , &c. *tu euſſes, ou au-*
rois voulu, &c.

 Temps incertain.

yo querria,	*Ie voudroy.*
querrias,	*tu voudrois.*
querria,	*il voudroit.*
querriamos,	*nous voudrions.*
querriades,	*vous voudriez.*
querrian,	*ils voudroient.*

 Futur du Conionctif.

Sing. Quando. ſi. *Quand. ſi.*

yo quiſiére,	*Ie voudray, ie veux.*
quiſiéres,	*tu voudras, tu veux.*
quiſiére,	*il voudra, il veut.*
quiſiéremos,	*nous voudrõs, nous voulõs.*
quiſiéredes y quiſiérdes	*vous voudrez, vous voulez.*
quiſiéren,	*ils voudront, ils veulent.*

 Apres le Futur.

Quand, deſpues que. Si.
Quand, apres que. *Si.*

yo vuiere querido, *l'auray voulu, i'ay voulu.*

vuieres querido, &c. *tu auras voulu, tu as vou-*
lu, &c.

Infinitif.

prefent.	querer, *vouloir & aimer.*
Paffé.	auer querido, *auoir voulu.*
Futur.	auer de querer, *deuoir vouloir.*
	eftar por querer, *eftre pour vouloir.*
Gerondif.	queriendo, *voulant.*

Le *Verbe* Entender, *entendre.*

Indicatif prefent.

Yo Entiendo,	*I'enten.*
entiendes,	*tu entens.*
entiende,	*il entend.*
entendemos,	*nous entendons.*
entendeys,	*vous entendez.*
entiendan,	*ils entendent.*
Yo entendia,	*I'entendoy.*
entendias,	*tu entendois.*
entendia,	*il entendoit.*
entendiamos,	*nous entendions.*
entendiades,	*vous entendiez.*
entendian,	*ils entendoient.*
Yo entendi,	*I'entendy.*
entendifte,	*tu entendis.*
entendiò,	*il entendit.*
entendimos,	*nous entendifmes.*
entendiftes,	*vous entendiftes.*
entendieron,	*ils entendirent.*

yo he, vue, y hauia entendido, *i'ay, i'eu, & i'auois*
entendu, &c.

Yo entendere,	*I'entendray.*

entenderàs,	*tu entendras.*
entenderà,	*il entendra.*
entenderemos,	*nous entendrons.*
entendereys,	*vous entendrez.*
entenderan,	*ils entendront.*
Yo he de entender,	*l'entendray, & il faut que i'entende.*
Entiende tu,	*entens toy.*
entiendra aquel,	*qu'il entende.*
entendamos nos.	*entendons.*
entended vos.	*entendez.*
entiendan aquellos,	*qu'ils entendent.*
Oxala, Aunque,	*Plaise à Dieu que. Encor que.*
Yo entienda.	*J'entende.*
entiendas,	*tu entendes.*
entienda,	*il entende.*
entendamos,	*nous entendions.*
entendays,	*vous entendiez.*
entiendan.	*ils entendent.*
Pues,	*Puis que.*
yo entiendo,	*i'entens.*
Oxala, Aunque, &c.	*Pleust à Dieu que. Encor que.*
yo entendieffe,	*i'entendiffe.*
entendieffes,	*tu entendiffes.*
entendieffe,	*il entendift.*
entendieffemos,	*nous entendiffions.*
entendieffedes,	*vous entendiffiez.*
entendieffen,	*ils entendiffent.*
O fi. Si.	*O fi. Si.*
Yo entendieffe, &c.	*l'entendois, & c. comme en*

l'Imparfait de l'Indicatif pour le François.

Quando,

Quando.   *Quand.*   *lors que.*

yo entendieſſe, entendieſſes, &c. *l'entendrois,*
voyez cy d-ſſous Entenderia, *pour le Françor.*

Oxala, Aunque,	*Plaiſe à Dieu que. Encor*
	que.
Yo aya entendido,	*l'aye entendu.*
ayas entendido,	*tu ayes entendu, &c.*
Oxala. Aunque.	*Pleuſt à Dieu que. Combien*
	que.
Yo entendiera,	*l'euſſe entendu.*
entendieras,	*tu euſſes entendu.*
entendiera.	*il euſt entendu.*
entendieramos,	*nous euſſions entendu.*
entendierades,	*vous euſſiez entendu.*
entendieran,	*ils euſſent entendu.*

Item.

yo vuieſſe y vuiera entendido, &c. *l'euſſe, ou l'au-*
roy entendu, &c.

Yo entenderia,	*l'entendroy.*
entenderias,	*tu entendrois.*
entenderia,	*il entendroit.*
entenderiamos,	*nous entendrions.*
entenderiades,	*vous entendriez.*
entenderian.	*ils entendroient,*

     Quando. Si.   *Quand. Si.*

Yo entendiere,	*l'entendray, i'enten.*
entendieres,	*tu entendras, tu ent.ns.*
entendiere,	*il entendra, il entend.*
entendiéremos,	*nous entendrons, nous en-*
tendons.	

entendiéredes, y entendiérdes, *vous entendrez,*
     vous entendez.

entendiéren, *ils entendront, ils entendent.*

                                           G

Quando.   Defpues que.   Si.

Quand, apres que.   *Si.*

Yo vuiere entendido,	*l'aurai entédu: l'ay entédu,*
vuieres entendido,	*tu auras entendu, &c.*
Entender,	*Entendre.*
auer entendido,	*auoir entendu.*
fer para entender :	*eftre pour entendre.*
auer de entender,	*deuoir entendre.*
entendiendo,	*entendant.*

Variation du verbe Poder, *pouuoir.*

Yo puedo,	*Je peux.*
puedes,	*tu peux.*
puede,	*il peut.*
podemos.	*nous pouuons,*
podeys,	*vous pouuez.*
pueden,	*ils peuuent.*

Notez que ie ne mets cy apres que la premiere perfonne entiere : mais il faut reprendre aux autres toufiour: la premiere fyllabe d'icelle, comme pour dias, dia; *il faudra dire* podias, podia, *& ainfi du refte des abbregez* yo podia, dias, dia ; *Je pouuoy, pouuois, pouuoit.* podiamos, diades, dian ; *nous pouuions, uiez, uoient* yo Púde, difte, do ; *Ie peu, tu peus, il peut.* Púdimos, diftes, dieron; *nous peufmes, vous peufte: ils peurent.*

yo he, vue y hauia podido, &c. *l'ay, l'eu, & auoy peu.*

yo Podrè, podras, drà ; *Je pourray, tu pourres, il pourra.*

Podremos, dreys, dran ; *nous pourrons, vous pourrez, ils pourront. Il n'a point d'Imperatif.*

Oxala yo Pueda, das, da, *Dieu vueille que, ie puisse, tu puisses, il puisse.*

Podamos, podays, puedan ; *nous puissions, vous puissiez, ils puissent.*

Oxala yo pudiesse, ses, se, semos, sedes, sen : *Ie peusse, tu peusses, il peust, nous peussions, vous peussiez, ils peussent.*

Si yo pudiesse : *Si ie pouuois, &c.*

Quando yo pudiesse; *Quand ie pourroy, &c.*

Oxala, yo aya podido, &c. *Dieu vueille que i'aye peu, &c.*

Oxala, Aunque. *Pleust à Dieu que. Encor que.*

yo pudiera, dieras, diera: *i'eusse peu, tu eusses peu, il eust peu.*

Pudieramos, dierades, dieran : *nous eussions peu, vous eussiez peu, ils eussent peu.*

Item.

yo vuiesse y vuiera podido, &c. *I'eusse & aurey peu, &c.*

yo podria, drias, dria; driamos, driades, drian: *ie pourroy, tu pourrois, il pourroit, nous pourrions, vous pourriez, ils pourroient.*

Quando. Si.   *Quand. Si.*

yo pudiere, dieres, diere; *Ie pourray; ie peux; tu pourras ; tu peux; il pourra, &c.*

pudiéremos, diéredes & diérdes, diéren : *nous pourrons, vous pourrez, ils pourront.*

Quando. Si.   *Quand. Si.*

yo vuiere podido, &c. *I'auray peu, &c.*

poder,   *pouuoir.*

auer podido,   *auoir peu.*

estar por poder,   *estre pour pouuoir.*

pudiendo,   *pouuant.*

Le Verbe Hazer, *Faire.*

yo Hago, hazes, haze, *ie fay, tu fais, il fait.*
 hazemos, hazeis, hazen, *nous faisons, vous faites, ils font.*
yo hazia, zias, zia, *ie faifois, faifois, faifoit.*
 haziamos, ziades, zian, *faifions, faifiez, faifoient*
yo hize, hezifte, hizo, *ie fy, tu fis, il fit.*
 hezimos, heziftes, hizieron, *nous fifines, vous
 fiftes, ils firent.*
yo he, vue, y hauia hecho, &c. *i'ay, i'eu, & auoy
 fait, &c.*
yo harè, haràs, harà, *ie feray, feras, fera.*
 haremos, reys, ràn, *nous ferons, ferez, feront.*
yo he, y tengo, de hazer, *ie feray, &c.*
haz tu,   *fais toy.*
haga aquel.   *qu'il face.*
hagamos nofotros,   *faifons.*
hazed vofotros,   *faites.*
hagan aquellos,   *qu'ils facent.*
Oxala, Aunque, *Plaife à Dieu que. Encor que.*
yo haga, hagas, haga, *ie face, tu faces, il face,*
hagamos, gays, gan, *nous facions, faciez, facent,*
Oxala, Aunque, *pleuft à Dieu que. Combien que,*
yo hiziefle, fes, fe, *ie feiffe, tu fiffe, il fift.*
 hizieffemos, fedes, fen, *nous feiffions, vous fif-
 fiez, ils fiffent.*
     O fi   Si.   O fi.   Si.
yo hiziefle, fes, &c. *Ie faifois, tu faifois.*
     Quando.   *Quand.*
yo hiziefle, &c.   *Ie feray, &c.*
Oxala, Aunque,   *Dieu vueille que, Encor que.*

yo aya hecho, *i'aye fait.*

Oxala, Aunque, *Pleust à Dieu que. Encor que.*

yo hiziera, hizieras, hiziera, *i'eusse fait, tu eusses fait, il eust fait.*

hizieramos, rades, ran, *nous eussions fait, vous eussiez fait, ils eussent fait.*

Item.

yo vuiesse y vuiera hecho, &c. *I'eusse & i'auroy fait, &c.*

yo haria, harias, haria, *ie feroy, tu ferois, il feroit.*

hariamos, riades, rian, *nous ferions, vous feriez, ils feroient.*

Quando. Si.	Quand. Si.
yo hiziere,	*Ie feray, ie fay.*
hizieres.	*tu feras, tu fais,*
hiziere,	*il fera, il fait.*
hiziéremos.	*nous ferons, nous faisons.*
hiziéredes o hiziérdes,	*vous ferez, vous faires,*
hizieren,	*ils feront, ils font.*

Quando. Si.	Quand. Si.
yo vuiere hecho, vuieres, &c,	*i'auray fait, i'ay fait,*
hazer,	*faire.*
auer hecho,	*auoir fait.*
estar por hazer,	*estre pour faire, ou estre prest à faire.*
haziendo,	*faisant.*

Le Verbe Saber, Sçauoir.

yo, Se, sabes, sabe, *Ie sçay, tu sçais, il sçait.*

sabemos, sabeys, saben, *nous sçauons, vous sçauez, ils sçauent.*

yo Sabia, sabias, sabia, *Ie sçauoy, sçauoys, sçauoit.*

sabiamos, biades, bian: *sçauions, sçauiez, sçauoient.*

yo súpe, supiste, súpo : *Ie sçeu, tu sçeus, il sceut.*

supimos, pistes, pieron : *nous sceusmes, sceustes,*
　sceurent.

yo he, vue, y auia, Sabido, &c. *I'ay, i'eu, & i'auoy*
　sceu, &c.

vo Sabre, sabras, sabra: *Ie sçauray, sçauras, sçaura.*

Sabremos, sabreys, sabran: *sçaurons, sçauriez, sçau-*
yo he, y tengo de saber, *Ie sçauray, &c.* [*ront.*

Sabe tu, sepas.　　　　*sçay toy, sçaches.*

sepa aquel,　　　　　*qu'il sçache.*

sepamos nosotros,　　*sçachons.*

sabed vosotros,　　　*sçachez.*

sepan ellos,　　　　　*qu'ils sçachent.*

Oxala, &c. *Plaise à Dieu que. Combien que.*

yo Sepa, sepas, sepa: *Ie sçache, tu sçaches, il sçache.*

sepamos, sepays, sepan : *nous sçachions, vous sça-*
　chiez, ils sçachent.

Oxala, Aunque. *Pleust à Dieu que. Encor que.*

yo Supiesse, piesses, piesse : *Ie sceusse, tu sceusses, il*
　sceust.

piessemos, sedes, essen: *sceussios, sceussiez, sceussent.*
　　　O si. Si.　　　　　　O si. Si.

yo supiesse, ses, se, &c. *Ie sçauoy, tu sçauois, il sçauoit*
　　　Quando.　　　　　　Quand.

yo supiesse, &c,　　　　*Ie sçauroy, &c.*

Plega a Dios que.　　　*Dieu vueille que.*

yo aya sabido, &c.　　　*I'aye sceu, &c.*

Oxala. Aunque. *Pleust à Dieu que. Combien que.*

yo supiera, ras, ra, ramos, rades, ran. *I'eusse sceu, tu*
　eusses sceu, il eust sceu, nous eussions sceu, vous eus-
　siez sceu, ils eussent sceu.

　　　　　　　Item.

yo vuiesse o vuiera sabido, &c. *I'eusse ou i'auroy*

scen, &c.

yo fabria, fabrias, fabria; *ie fçaurois, tu fçaurois, il fçauroit.*

fabriamos, briades, brian : *nous fçaurions, vous fçauriez, ils fçauroient.*

Quando. Si.   *Quand. Si.*

yo fupiere, fupieres, fupiere, fupiéremos, fupiéredes, fupieren : *ie fçauray ; ie fçay, tu fçauras ; tu fçais, &c.*

Quando.   *Quand.*

yo vuiere fabido, &c.   *i'auray fceu, &c.*

Saber.   *fçauoir.*

auer fabido.   *auoir fceu.*

eftar por faber,   *eftre pour fçauoir.*

auer de faber,   *deuoir fçauoir.*

fabiendo,   *fçachant.*

Le Verbe Traer*, qui fignifie apporter & amener.*

yo traygo, traes, trae: *i'apporte, tu apportes, il apporte*

traemos, traeys, traen; *nous apportons, vous apportez, ils apportent.*

yo raya, trayas, traya: *i'apportoi, apportois, apportoit*

trayamos, trayades, trayan: *apportions, apportiez, apportoient.*

yo trúxe, trúxifte, trúxo : *i'apportay, tu apportas, il apporta. Aucuns mettent* traxe, *changeans l'u en* a, *par toutes les perfonnes.*

truximos, truxiftes, truxéron : *nous apportafmes, vous apportaftes, ils apporterent,*

yo he, vue, y auia, tray do : *i'ay i'eu, & i'auois apporté, &c.*

yo traçre, traeras, traera, traeremos, traereys,

traeran, *i'apporteray, tu apporteras, il apportera,*
nous apporterons, vous apporterez ils apporteront.

yo he y tengo de traer, *i'apporteray, & il faut que*
i'apporte.

trae tu, trayga aquel, *apporte, qu'il apporte.*

traygamos nosotros, traed vosotros, *apportons,*
apportez.

traygan aquellos, *qu'ils apportent.*

Oxala, Aunque, *Plaise à Dieu que, Encor que.*

yo trayga, traygas, trayga, traygamos, traygays,
traygan, *i'apporte, tu apportes, il apporte, nous ap-*
portions, vous apportiez, ils apportent.

Oxala, Aunque. *Pleust à Dieu que. Encor que,*

yo truxesse, truxesses, truxesse, truxessemos, tru-
xessedes, truxessen, *i'apportasse, tu apportasses, il*
apportast, nous apportassions, vous apportassiez, ils
aportassent. Il se lit aussi souuent traxesse, traxes-
ses, &c.

O si.   Si.   O si.   Si.

yo truxesse, truxesses, &c. *i'apporteroy tu appor-*
tois, &c.

Quando.   *Quand.*

yo truxesse, &c.   *i'apporteroy, &c.*
Plega a Dios que.   *Plaise à Dieu que.*
yo aya traydo,   *i'aye apporté.*
ayas traydo, &c.   *tu ayes apporté.*
Ozala, Aunque.   *Pleust à Dieu que. Encor*
                           que.

yo truxera, truxeras, truxera, truxéramos, tru-
xérades, truxéran, *i'eusse apporté, tu eusses ap-*
porté, il eust apporté, nous eussions apporté, eussiez
apporté, eussent apporté. Traxera *se trouue aussi en*
plusieurs Autheurs, comme aussi les autres person-

nes, changeant l'u en a, ainsi que dit est en l'Indicatif
traxe *pour* truxe.

Item.

yo vuiesse y vuiera traydo. *l'eusse & i'auroy ap-*
porté.

yo traeria, traerias, traeria, traeriamos, traeria-
des, traerian, *l'apporteroy, tu apporterois, il ap-*
porteroit, nous apporterions, vous apporteriez, ils
apporteroient.

Quando. Si.   *Quando. si.*

yo truxere, truxeres, truxere, truxerémos, tru-
xeredes, truxeren *l'apporteray, i'apporte, tu appor-*
teras, tu apportes, &c. Voyez le present & futur de
l'Indicatif. On trouue souuent Traxere *pour* Truxere, *& le reste aussi.*

Quando. Si.   *Quand. si.*

yo vuiere traydo , vuieres , &c. *l'auray apporté,*
i'ay apporté, tu auras apporté, au as apporté, &c.

Traer,   *Apporter.*
auer traydo,   *auoir apporté.*
estar por traer,   *estre pour apporter.*
trayendo.   *apportant.*

Le *verbe* Boluer, Tourner *& Retourner.*

yo Bueluo, buelues, buelue, *Ie tourne ou retourne,*
tu retournes, il retourne.

boluemos, bolueys, bueluen, *nous retournons,*
vous retournez, ils retournent.

yo boluia, boluias, boluia, boluiamos, boluia-
des, boluian: *ie retournoy, tu retournois, il retour-*
noit, nous retournions, vous retourniez, ils retour-
noient.

yo bolui, boluifte, boluio, boluimos, boluiftes, boluieron, *ie retournay, tu retournas, il retourna, nous retournafmes, vous retournaftes, ils retournerent.*

yo he buelto, vue buelto, auia buelto : *ie suis retourné, ie fus retourné, i'eſtois retourné, &c.*

Item.

yo foy buelto ; *ie suis de retour, &c.*

yo boluere, bolueras, boluera, bolueremo, boluereys, bolueran: *Ie retourneray, tu retourneras, il retournera, nous retournerons, vous retournerez, ils retourneront.*

yo he y tengo de boluer ; *ie retourneray, & ilfaut que ie retourne.*

buelue tu,   *retourne.*

buelua aquel,   *qu'il retourne.*

boluamos nofot. bolued, bueluan; *retournons, retournez, qu'ils retournent.*

Oxala, Aunque, &c. *Dieu vueille que. Combien que.*

yo buelua, bueluas, buelua, boluamos, boluays, bueluan. *Ie retourne, tu retournes, il retourne, nous retournions, vous retourniez, ils retournent.*

Oxala, Aunque, &c. *pleuſt à Dieu que. Encor que.*

yo boluiefſe, boluiefſes, boluiefſe, boluiefſemos, boluiefſedes, boluiefſen: *Ie retournaſſe, tu retournaſſes, il retournaſt, nous retournaſſions, vous retournaſſiez, ils retournaſſent.*

O fi. Si.   *o fi. Si.*

yo boluiefſes, fes, fe, *ie retournoy, tu retournois, il retournoit, &c.*

Quando.	Quand.
yo boluieſſe,	ie retourneroy, &c.
Oxala, Aunque.	Dieu vueille que. Encor que.
yo aya buelto, &c.	ie ſois retourné, &c.
Oxala, Aunque.	Pleuſt à Dieu que. Combien que.

yo boluiera, boluieras, boluiera, boluieramos, boluierades, boluieran: *Ie fuſſe retourné, tu fuſſes retourné, il fuſt retourné, nous fuſsions retourné, vous fuſsiez retourné, ils fuſſent retourné.*

Item.

yo vuieſſe y vuiera buelto: *Ie fuſſe ou ſeroy retourné, &c.*

yo bolueria, bolueria, bolueria, bolueriamos, boluceriades, boluerian: *Ie retournerois, tu retournerois, il retourneroit, nous retournerions, vous retourneriez, ils retourneroient.*

Quando. Si.	Quand. Si.

yo boluiere, boluieres, boluiere, boluieremos, boluieredes, o boluierdes, boluieren: *Ie retourneray, ie retourne, tu retourneras, tu retournes, &c.*

Quando. Si.	Quand. Si.

yo vuiere buelto, vuieres, &c. *Ie ſeray retourné, ie ſuis retourné, tu ſeras retourné, &c.*

Boluer,	retourner.
auer buelto,	eſtre retourné.
auer de boluer,	deuoir retourner.
ſer o eſtar por boluer,	eſtre pour retourner.
boluiendo,	retournant.

Coniugaison du verbe Poner,
mettre.

Yo Pongo, pones, poue, *ie mets, tu mets, il met.*

Ponemos, poneys, ponen, *nous mettons, vous mettez, ils mettent.*

yo ponia , ponias, ponia, *ie mettois, tu mettois, il mettoit.*

poniamos, poniades, ponian, *nous mettions, vous mettiez, ils mettoient.*

yo púse, pusiste, púso, pusimos, pusistes, pusiero, *ie mis, tu mis, il mit nous mismes , vous mistes , il mirent.*

yo he, vue, auia puesto. &c. *i'ay, veu, i'auois mis.*

yo porne y pondre , pornas y pondras, pornay pondra , *ie metteray, tu mettras, il mettra*

pornemos y pondremos, porneys y pondreys, pornan y pondran, *nous mettrons, vous mettrez, ils mettront.*

yo he y tengo de poner, *ie mettray, & il faut que il mette.*

Pon tu, *mets* ponga aquel, *qu'il mette.*

Pongamos, *mettons,* poned, *mettez,* pongan, *qu'ils mettent.*

Oxala, Aunque, &c. *Dieu vueille que Combien, que.*

Yo ponga, pongas, ponga, pongamos, pongays, pongan , *ie mette , tu mettes, il mette , nous mettions, vous mettiez, ils mettent.*

Oxala o pluguiesse a Dios, que, Aunque &c. *Pleust à Dieu que. Encor que.*

Yo pusiesse, pusiesses, pusiesse, pusiessemos, pusiessedes, pusiessen; *le misse, tu misses, il mist, nous missions , vous missiez, ils missent. Quelques Escri-*

uains François adiouſtent vn e à la premiere ſillabe,
mettans meiſſe pour miſſe, mais ie ne l'approuue
pas.

| O ſi | Si. | Oſi. | Si. |

Yo puſieſſe, ſes, ſe   *Ie mettois, tu mettois, il*
                     mettoit, &c.

     Quando.   *Quand*

yo puſieſſe.   *Ie mettrois, &c.*

     Oxala, Aunque.   *Dieu vueille que, Encor que*

yo aya pueſto &c.   *I'aye mis.*

     Oxala, Aunque.   *Pleuſt à Dieu que, Combien*
                     que.

Yo puſiera, puſieras, puſiera, puſieramos, puſie-
rades, puſieran, *I'euſſe mis, tu euſſes mis, il euſt*
mis, nous euſſions mis, vous euſſiez mis, ils euſſent
mis.

Item.

Yo vuieſſe, y vuiera pueſto ; *I'euſſe ou i'aurois*
mis, &c.

Yo pondria, pondrias, pondria, pondriamos,
pondriades, pondrian ; *Ie mettrois, tu mettrois,*
il mettroit, nous mettrions, vous mettriez, ils met-
troient.

Item.

Yo Pornia, pornias, pornia, porniamos, pornia-
des, pornian: *Ie mettrois, tu mettrois, &c.*

     Quando.   Si.   *Quand. Si.*

Yo puſiere, puſieres, puſiere, puſieremos, puſie-
redes, o puſierdes, puſieren : *Ie mettray; ie mets:*
tu mettras; tu mets: il mettra; il met : nous mettrons;
nous mettons : vous mettrez ; vous mettez : ils met-
tront ; ils mettent.

Quando. Si.   *Quand. Si.*

Yo vuiere puesto , vuieres puesto, &c. *I'auray*
  mis ; i'ay mis : tu auras mis ; tu as mis, &c.

Poner,	*mettre.*
auer puesto,	*auoir mis.*
Estar por poner,	*estre pour mettre.*
Poniendo,	*mettant.*

Variation du Verbe Oler, flairer ou sentir.

Il faut noter que quand ce verbe Oler, *en sa Con*
jugaison change son o en ue: comme font plusieurs au
tres verbes de la langue Espagnolle : ce que les studieu
ont peu remarquer és verbes poder *&* boluer, *qi*
font au present de l'Indicatif puedo *&* bueluo *(sa*
faire mention des autres modes & temps) & en d'au
tres : alors il faut adiouster vne h *deuant ledit* ue, *&*
ce pour euiter l'inconuenient qu'il y auroit en faisa
l'u consonante, par-ce qu'on diroit velo *pour* huele
voicy sa variation.

Yo huelo, hueles, huele, olemos, oleys, huele
  Ie sens , tu sens; il sent, nous sentons; vous sentez, i
  sentent.

yo olia, olias, olia; *ie sentois, &c.*

yo oli, oliste, olió ; *ie sentis.*

yo he, vue y auia olido; *i'ay, i'eus, & auois senti*

yo olere, oleras ; *ie sentiray, tu sentiras.*

huele tu *sens* ; huela aquel, *qu'il sente*; olamos, *se*
tons ; oled. *sentez*; huelan , *qu'ils sentent.*

Oxala, Aunque. *Dieu veuille que. Encor que.*

Yo huela, huelas, huela, olamos, olays, huelan.

fente, tu fentes, il fente, nous fentions, vous fentiez, ils fentent.

yo olieffe, olieffes: *Ie fentiffe, &c.*

yo aya olido ; *i'aye fenty.*

yo oliera, olieras, oliera, ramos, rades, ran: *i'euffe fenty, tu euffes fenty, & c.*

yo vuieffe y vuiera olido: *i'euffe, ou aurois fenty.*

yo oleria, olerias, oleria, riamos, riades, rian : *ie fentirois, tu fentirois, &c,*

Quando. Si   *Quand. Si.*

Yo oliere, olieres, oliere, olieremos, redes, ren:

   Quand, & fi ie fentiray, & fi ie fens, &c.

yo vuiere olido ; *i'auray fenty.*

Oler; *fentir & flairer.*

auer olido; *auoir fenti.*

Eftar por oler ; *eftre pour fentir.*

oliendo ; *fentant.*

Ce verbe Caber cy apres, pour auoir diuerfes fignifications, eft affez mal-aifé à expliquer en François : car tantoft il veut dire eftre contenu, ou pouuoir eftre en quelque chofe, comme : Toda el agua no cabe en vn jarro : *toute l'eau ne peut dedans vn pot : & tantoft il fignifie efcheoir, comme,* efto me cabe por mi parte, *cela m'efchet ou touche pour ma part.* Efto me cúpo en fuerte. *Cecy me vint ou efcheut en fort.*

Il faut voir fa variation à laquelle on pourra adapter la fignification, felon qu'elle fe trouuera mieux conuenir.

yo Quepo, cabes, cabe. cabemos, cabeys; caben; *ie fuis contenu, & c. auec ie verbe, ie fuis, & le participe contenu.*

yo cabia cabias, cabia, cabiamos, cabiades, cabian; *i'eftoy contenu, ie pouuoy entrer.*

yo cupe, cupiste, cúpo, cupimos, cupistes, cupie-
ron ; *ie fus contenu, &c.*

yo he, vue, auia cabido ; has cabido, &c. *i'ay esté,
ie fus, & i'auoy esté contenu, & c.*

yo cabré, cabràs, cabrà, cabremos, cabreys ca-
bran ; *ie seray contenu, &c.*

yo he de caber, has de caber. *Ie pourray entrer,
ie seray contenu, &c. Il n'a point d'Imperatif.*

Oxala. Aunque. *Dieu vueille que. Combien que.*

yo Quepa, quepas, quepa, quepamos, quepays,
quepan : *Ie sois contenu ; tu sois contenu, & c.*

Oxala, Aunque. *Pleust à Dieu que. Encor que.*

yo cupiesse, cupiesses, cupiesse, cupiessemos, cu-
piessedes, dupiessen : *ie fusse contenu, & c. que ie
peusse entrer, ou estre contenu, &c.*

    O si. Si.   *O si. Si.*

yo cupiesse, ses, se: *I'estoy contenu, &c. comme
dessus.*

    Quando.   *Quand.*

yô cupiesse, &c.   *ie seroy contenu, &c.*

Oxala, Aunque.   *Plaise à Dieu que. Encor
que.*

yo aya cabido, &c.   *i'aye esté contenu, &c.*

    Oxala. *Pleust à Dieu que.*

yo cupiera, cupieras, cupiera, cupieramos, cu-
pierades, cupieran: *I'eusse esté contenu, & c.*

              Item,

yo vuiesse y vuiera cabido, &c. *i'eusse esté, & aurois esté contenu, &c.*

yo cabria, cabrias, cabria, cabriamos, cabriades,
cabrian : *ie seroy contenu, ie pourrois entrer, & c.*

    Quando. Si.   *Quand. Si.*

yo cupiére, cupiéres, cupiére, cupiéremos, cu-
             piéredes,

piéredes, cupiéren : *ie seray contenu, ie suis conte-*
nu, ie pourray, &c.

     Quando.   *Quand.*

yo vuiere cabido, vuieres, cabido, &c. *I'auray*
  esté contenu, tu auras, &c.

Caber,   *estre contenu.*
auer capido,   *auoir esté contenu.*
estar por caber,   *pouuoir estre contenu.*
auer de caber,   . *deuoir estre contenu.*
cabiendo,   *estant contenu, pouuant.*

  Le commun peuple use d'un certain mot François,
lequel ie n'ay iamais veu par escrit, c'est pouyr, *qui*
vaut autant que pouuoir, & estre entierement contenu
en quelque lieu ou vaisseau. Il m'est souuenu en passant
d'un mot qui s'use au Bassigny, pays de ma naissance,
qui est chauoir, *lequel vaut proprement* caber, *en la*
signification de capi *Latin, ou* contineri. *C'est assez*
baillé d'exemples de la seconde coniugaison, faut dire de
la troisiesme, qui est en ir, *& premier du verbe* Oyr.

Coniugaison du verbe O yr, ouyr.

Indicatif Present.

yo Oygo, oyes, oymos, oys, oyen : *I'oy, tu ois,*
 il oit, nous oyons, vous oyez, ils oyent.
        Passé imparfait.
yo oya, oyas, oya, oyamos, oyades, oyan: *I'oyois,*
 tu oyois, il oyoit, nous oyons, vous oyez, ils oyoient.
        Parfait defini.
yo oy, oyste, oyò, oymos, oystes, oyerō: *I'ouis, tu*
ouis, il ouit, nous ouismes, vous ouistes, ils ouirent.
        Parfait indefini.
yo he oydo, has oydo, &c. *I'ay ouy, tu as ouy, &c.*

                H

Parfait troisiesme.

Quando.	Quand.

yo vue oyo, vuiste oy- *i'eu ony, tu eus ony, &c.*
do, &c.

Plus que parfait.

yo auia oydo, auias   *i'auois ony, tu auois*
oydo, &c.   *ony, &c.*

Futur.

yo oyre, oyras, oyra, *i'oiray, tu oiras, il oira.*
oyremos, oyreis, oy- *nous oirons, vous oirez, ils*
ran,   *oiront.*

yo he y tengo de Oyr, &c. *i'oiray, & il faut que*
i'oye.   *Imperatif.*

Oye tu, oyga aquel,   Oy, *qu'il oye.*
oygamos nosotros,   *oyons.*
oyd vosotros,   *oyez.*
oygan aquellos,   *qu'ils oyent.*

Optatif & Conionctif.

Oxala , Aunque. &c.*Dieu vueille que. Encor que.*
yo oyga, oygas, oyga,*J'oye, tu oyes, il oye.*
oygamos, oygais, oygã,*nous oions, vous oiez, ils*
oyent.

Imparfait.

Oxala. Aunque, &c. *Pleust à Dieu que. Encor que.*
yo Oyesse, oyesses, oyesse: *i'ouïsse, tu ouïsses, il ouïst,*
oyessemos, oyessedes, oyessen: *nous ouïssions, vous*
ouïssiez, ils ouïssent.

Autrement pour le François comme en
l'Indicatif.

O si. Si.	O si. Si.

yo Oyesse, ses, oyesse, &c. *i'oyois, tu oyois, il oyois,*
nous oions, vous oiez, ils oioient.

Item auec Quando. *Quand.*

yo Oyeſſe, ſes, oyeſſe, oyeſſemos, &c. *l'oiroi, tu*
oirois, il oiroit, nous oirions, vous oiriez, ils oiroyent.

Parfait.

Oxala, Aunque, &c. *Dieu vueille que. Combien*
que.

yo aya Oydo, ayas oydo, &c. *l'aye oui, tu ayes*
oui, &c.

Plus que parfait.

Oxala, &c. *Pleuſt à Dieu que.*

yo oyéra, oyéras, oyéra, oyeramos, oyérades,
oyéran: *l'euſſe oui, tu euſſens oui, il euſt oui, nous euſ-*
ſions oui, vous euſſiez oui, ils euſſent oui.

Item.

yo vuieſſe y vuiera, oydo, &c. *l'euſſe, oui l'aurois*
oui, &c, *Temps incertain.*

yo oyria, oyrias, oyria: *J'oirois, tu oirois, il oiroit.*
oyriamos, oyriades, oyrian: *nous oirions, vous oi-*
riez, ils oiroient.

Futur du Conionctif.

Quando. Si. *Quand.* *Si.*

yo oyere, oyeres, oyere, oyeremos, oyeredes y
oyerdes, oyeren: *l'oiray, tu oiras, il oira, i'oy, tu*
ois, il oit, &c. comme en l'indicatif futur & preſet.

Apres le Futur.

Quando. *Quand.*

yo vuiere Oydo, vuieres, &c. *l'auray ouy, tu auras*
ouy, &c. *Infinitif.*

Oyr, *ouyr,*
auer oydo, *auoir ouy.*
auer de oyr. *deuoir ouir.*
eſtar por oyr, *eſtre pour ouir.*
oyendo. *oyant.*

H ij

Le Verbe Dezir, *Dire.*

yo Digo, dizes. dize, dezimos, dezis, dizen: *Ie dy,*
tu dis, il dit, nous disons, vous dites, ils disent.

yo dezia, dezias, dezia, deziamos, deziades, de-
zian : *ie disoy, tu disois, il disoit, nous disions, vous*
disiez, ils disoient.

yo dixe, dixiste, dixo, diximos, dixistes, dixeron:
Ie dis, tu dis, il dit, nous dismes, vous distes, ils di-
rent.

yo he. vue, y auia Dicho, &c. *I'ay, i'eu & auoy*
dit, &c.

yo diré, dirás, dirà, diremos, direis, diran :*ie diray*
tu diras, il dira, nous dirons, vous direz, ils diront.

yo he y tengo de dezir, hasytienes de dezir, &c.
ie diray, & il faut que ie die, ou dise, &c.

Di tu, diga aquel,	Dis toy, qu'il dise.
digamos nosotros,	disons.
dezid vosotros,	dites.
digan aquellos,	qu'ils disent.
Oxala, Aunque.	Dieu vueille que. Encor que
yo diga, digas, diga,	ie dise, tu dises, i. dise.

digamos, digays, digan, *nous disions, vous disiez, ils*
disent.

Oxala, Aunque.   *Pleust à Dieu que. Encor*
                                        que.

yo dixesse, dixesses, dixesse:*ie disse, tu disses, il dist.*
Dixessemos, dixessedes, dixessen, *nous dissions,*
vous disiez, ils dissent.

Item.

| O si. | Si. | o si. | si |

yo dixesse, dixesses, &c. *ie disoy, tu disois, &c.*

Item.

Quando.   *Quand.*

yo dixeſſe,dixeſſes,dixeſſe,&c.*ie diroy,tu dirois,il*
    diroit, &c.

Oxala, Aunque,   *Dieu vueille que. Encor que*
yo aya Dicho,   *i'aye dit.*
ayas dicho, &c.   *tu ayes dit,&c.*

Oxala. Aunque,&c.*Pleuſt à Dieu que. Encor que.*

yo Dixera,dixeras,dixera,dixeramos,dixerades
    dixeran : *J'euſſe dit, tu euſſes dit, il euſt dit, nous*
    euſſions dit, vous euſſiez dit, ils euſſent dit.

Item.

yo vuieſſe y vuiera Dicho, &c. *J'euſſe & i'auroy*
    dit, &c.

yo Diria,dirias,diria,diriamos,diriades,dirian:
ie diroy, tu dirois, il diroit, nous dirions , vous di-
    riez,ils diroient.

Quando. Si.   *Quand. Si.*

yo dixére,dixeres,dixere,dixéremos,dixéredes
    y dixerdes, dixeren : *Ie diray,tu diras,& c.ie dis*
    tu dis,&c.Voyez le preſent & futur de l'Indicatif.

Quando. Si.   *Quand. Si.*

yo vuiere Dicho, vuieres dicho,&c.*l'auray dit,*
    i'ay dit:tu auras dit, &c.

Dezir,   *Dire.*
auer dicho,   *auoir dit.*
auer de dezir,   *deuoir dire.*
eſtar por dezir,   *eſtre pour dire.*
diziendo,   *diſant.*

Le Verbe Seruir, *Seruir.*

Yo Siruo, ſirues, ſirue, ſeruimos, ſeruis, ſiruen:

Ie fers, tu fers, il fert, nous feruons, vous feruez, ils feruent.

yo Seruia, feruias, feruia, feruiamos, feruiades, feruian : *Ie feruoi, tu feruois, il feruoit, nous feruiõs, vous feruiez, ils feruoient.*

yo Serui, feruifte, firuio, feruimos, feruiftes firuieron: *Ie feruis, tu feruis, il feruit, nous feruifmes, vous feruiftes, ils feruirent.*

yo he, vue y auia, Seruido, &c. *l'ay, i'eu, & i'auoy feruy.*

yo Seruire, feruiras, feruira, feruiremos, feruireys, feruirã: *Ie feruiray, tu feruiras, il feruira, nous feruirons, vous feruirez, ils feruiront.*

yo he y tengo de Seruir, &c. *Ie feruirai, & il faut que ie ferue, & c.*

Sirue tu, firua, aquel,	*fers toy, qu'il ferue.*
firuamos nofotros,	*feruons,*
feruid vofotros,	*feruez,*
fituan aquellos,	*qu'ils feruent.*
Oxala, Aunque.	*Pleuft à Dieu que. Encor que.*

yo Sirua, firuas, firua, firuamos, feruays, firuã: *Ie ferue, tu ferue, il ferue, nous feruions, vous feruiez, ils feruent.*

Oxala, Aunque, &c. *Pleuft à Dieu que.*

yo Siruieffe, firuieffes, firuieffe, firuieffemos, firuieffedes, firuieffen : *Ie feruiffe, tu feruiffes, il feruift, nous feruiffions, vous feruiffiez, ils feruiffent.*

Item.

O fi.	Si.	O fi.	Si.
yo Siruieffe, &c.		*Ie feruoy, & c.*	
Quando.		*Quand.*	

yo Siruieffe, &c. *Ie feruiroi, tu feruirois, & c.*

Oxala.   *Dieu vueille que, encor que.*

yo aya Seruido, ayas feruido, &c. *i'aye ferui, tu aye ferui, &c.*

Oxala, Aunque, &c.   *Pleuſt à Dieu que. Encor que.*

yo Siruiera, firuieras, firuiera, feruieramos, firuierades, fernieran : *i'euſſe ferui, tu euſſes ferui, il euſt ferui, nous euſſions ferui, vous euſſiez ferui, ils euſſent ferui.*

Item.

yo vuieſſe y vuiera, feruido: *l'euſſe ou i'auroi ferui*

yo Seruiria, feruirias feruiria, feruiriamos, feruiriades feruiriã: *ie feruiroi, tu feruirois, il feruiroit, nous feruirions, vous feruiriez, ils feruiroient.*

Quando. Si.   *Quand. Si.*

yo Siruiere, firuieres, firuiere, firuieremos, firuieredes, firuieren: *ie feruiray, ie fers, tu fers, &c. Voyez le preſent & futur de l'Indicatif.*

Quando. Si.   *Quand. Si.*

yo vuiere Seruido, &c. *i'auray feruy.*

Seruir,	*Seruir.*
auer feruido,	*auoir ferui.*
auer de feruir,	*deuoir feruir.*
eſtar para feruir,	*eſtre pour feruir.*
firuiendo,	*feruant,*

Le verbe Herir, Ferir ou frapper & bleſſer.

yo Hiero, hieres, hiere, herimos, heris, hieren: *ie frappe, tu frappe, il frappe, nous frappõs, vous frappez, ils frappent,*

yo Heria, herias, heria, heriamos, heriades, he-
rian:*ie frappois, tu frappois, il frappoit, nous frappions, vous frappiez, ils frappoient.*

yo Heri, heriste, hirió, hirimos, heristes, hirie-
ron:*ie frappay, tu frappas, il frappa, nous frappaf-
mes, vous frappastes, ils frapperent.*

yo he, vue y auia Herido,&c. *i'ay, i'eu & i'auoir
frappé, &c.*

yo herire, heriras, herira, heriremos, herireys,
heriran:*ie frapperay, tu frapperas, il frappera, nous
frapperons, vous frapperez, ils frapperont.*

yo he de herir y tengo de herir:*ie frapperay, & il
faut que ie frappe.*

Hiere tu,	*Frappe toy.*
hiera aquel,	*qu'il frappe.*
hieramos nosotros,	*frappons.*
herid vosotros,	*frappez.*
hieran aquellos,	*qu'ils frappent.*
Oxala, Aunque.	*Dieu vueille que. Encor que.*

yo Hiera, hieras, hiera, hieramos, hierays, hierá:
*ie frappe, tu frappes, il frappe, nous frappions, vou
frappiez, ils frappent*

Oxala, Aunque, &c. *pleust à Dieu que, Encor que.*

youirielle, hirielles, hirielle, hiriellemos, hirief-
fedes, hiriellen:*ie frappasse, tu frappasses, il frap-
past, nous frappassions, vous frappassiez, ils frap-
passent.*

O si yo hirielle,	*O si ie frappois.*
Quando yo hirielle,	*Quand ie frapperois.*
Oxala, Aunque.	*Dieu vueille que. Encor que.*

yo aya Herido, ayas herido, &c. *i'aye frappé, tu
ayes frappé, &c.*

Oxala, Aunque. *pleust à Dieu que, Combien que,*

yo hiriera, hirieras, hiriera, hirieramos, heriera-
des, hirieran: *i'euſſe frappé, tu euſſes frappé, il euſt*
frappé, nous euſſions frappé, vous euſſiez frappé, ils
euſſent frappé.

Item.

yo vuieſſe y vuiera Herido, &c. *l'euſſe ou i' auroy*
frappé, &c.
yo Heriria, heririas, heriria, heririamos, heririas-
des, heririan: *le frapperoi, tu frapperois, il frap-*
peroit, nous frapperions, vous frapperiez, ils frap-
peroient.

    Quando. ſi.   *Quand. ſi.*
yo Hiriere, hirieres, hiriere, hirieremos, hiriere-
des ô hirierdes, hirieren: *Je frapperay, ie frappe,*
&c. Voyez le preſent & le futur de l'Indicatif.

    Quando. Si.   *Quand. Si.*
yo vuiere Herido, &c. *l'aurai frappé: i'ay frappé.*
Herir,   *Frapper.*
auer herido,   *auoir frappé.*
auer de herir,   *deuoir frapper.*
eſtar por herir,   *eſtre pour frapper.*
heriendo.   *frappant.*

  Ces deux verbes ſuiuãs Dormis *&* Morir *, eſtans*
de meſme coniugaiſon, ſont auſſi fort ſemblables en leur
variation, & partant ſera bon de les mettre en-
ſemble.

Yo Duermo, Muero,   *Ie dors, ie meurs.*
duermes, mueres,   *tu dors, tu meurs.*
duerme, muere,   *il dort, il meurt.*
dormimos, morimos, *nous dormõs, nous mourons.*
dormis, moris,   *vous dormez, vous mourez.*
duermen, mueren,   *ils dorment, ils meurent.*

Yo dormia, moria,   *ie dormoy, ie mouroy.*
dormias, morias,   *tu dormois, tu mourois.*
dormia, moria,   *il dormoit, il mourroit.*
dormiamos, moria-   *nous dormions, nous mou-*
mos,   *rions.*
dormiades moriades,   *vous dormiez, vo⁹ mouriez.*
dormian, morian,   *i's dormoient, ils mouroïet.*
Yo dormi, mori,   *ie dormi, ie mourus,*
dormifte, morifte,   *tu dormis, tu mourus.*
durmió, murio,   *il dormit, il mourut.*
durmimos, murimos,   *nous dormifmes, nous mou-*
                                rufmes,
durmiftes, muriftes, *vous dormiftes, vous mourufta*
durmieron, murieron, *ils dormiftes, ils moururēt.*
Yo he, vue, y auia dormido, &c. *i'ay, i'eus, ē auoy*
dormi, *ēc.*

Il faut noter icy que morir *fait en fes preterits*
muerto, *ē prend pour auxiliair fer: quelquefois il*
s'*vfe en la fignification actiue, comme en la langue Ita-*
lienne, *ē fignifie tué: comme* el ha muerto a vn
hombre, *il a tué ẏn homme.*

Yo dormiré moriré,   *ie dormiray, ie mourray.*
dormiras, moriras,   *tu dormiras, tu mourras.*
dormirá, morirá,   *il dormira, il mourra.*
dormiremos, mori-   *nous dormirons, nous mour-*
remos,   *rons.*
dormireis, morireis, *vous dormirez vous mourrez*
dormiran, moriran, *ils dormiront, ils mourront.*
Yo he y tengo de dormir, morir, *ie dormiray, ie*
mourray, *ē il faut que ie dorme, que ie meure, ēc.*
Duerme tu muere tu, *dors toy, meurs toy:* duerma
aquel muera aquel, *qu'il dorme, qu'il meure.*
durmamos nof. muramos nof. *dormons, mourons*

dormid, morid vof. *dormez mourez.*

duerman, mueran aquellos, *qu'ils dorment, qu'ils meurent.*

Oxala, Aunque. *Dieu vueille que. Encor que.*

Yo duerma, muera, *ie dorme, ie meure.*

duermas, mueras, *tu dormes, tu meures.*

duerma, muera, *il dorme, il meure.*

durmamos, muramos, *nous dormions nous mourions.*

durmays, murays, *vous dormiez, vo° mouriez.*

duerman, mueran, *ils dorment, ils meurent.*

Oxala, Aunque, &c. *Pleuft à Dieu que. Cōbiē que*

yo Durmieſſe, murieſſe, *ie dormiſſe, mouruſſe.*

durmieſſes, murieſſes, *tu dormiſſes, mouruſſes.*

durmieſſe, mutieſſe, *il dormiſt, mouruſt.*

durmieſſemos, mu- *nous dormiſſions, mouruſ-*
   rieſſemos, *ſions.*

durmieſſedes, murieſ- *vous dormiſſiez, mouruſ-*
   ſedes, *ſiez.*

durmieſſen, murieſſen, *ils dormiſſent, mouruſſent.*

O ſi. Si. *O ſi. Si.*

yo durmieſſe, murieſ- *ie dormois, mourois &c.*
   ſe, &c.

Quando. *Quand.*

yo durmieſſe, murieſ- *ie dormirois, mourrois &c.*
   ſe, &c.

Oxala, Aunque, &c. *Plaiſe à Dieu que. Combiē
   que.*

yo aya durmido, ayas *i'aye dormi, tu ayes dormi,*
   durmido, &c. *&c.*

Oxala, Aunque. &c. *Pleuſt à Dieu que. Combien
   que.*

yo durmiera, muriera, *i'euſſe dormi, ie fuſſe mort.*

durmieras, murieras, *tu eusses dormy , tu fusses mort.*

durmiera, muriera, *il eust dormi, il fust mort.*

durmieramos, murieramos : *nous eussions dormi, nous fussions morts.*

durmierades, murierades: *vous eussiez dormi, vous fussiez morts.*

durmieran, murieran : *ils eussent dormi, ils fussent morts.*

Item.

yo vuiesse y vuiera durmido, &c. *l'eusse & i'au-roy dormi, &c.*

yo fuesse y fuera muerto, &c. *ie fusse & seroy mort, &c.*

yo dormiria, moriria,	*ie dormiroi, mourroi.*
dormirias, moririas:	*tu dormirois, mourrois.*
dormiria, moriria,	*il dormiroit, mourroit.*
dormiriamos, morria-mos,	*nous dormirions , mour-rions.*
dormiriades, moriria-des,	*vous dormiriez , mour-riez.*
dormirian, morian,	*ils dormiroient , mourroient.*
Quando. Si.	*Quand. Si.*

yo durmiere, muriere: *ie dormirai, mourrai: ie dors, ie meurs.*

durmieres, murieres : *dormiras , mourras. Voyez le present & futur de l'Indicatif pour le François.*

durmiere, muriere.

durmieremos, murieremos.

durmieredes, murieredes.

durmieren, murieren.

Q̌uando. Si.   *Quand. si.*
yo vuiere dormido , &c. *i'auray dormi, i'ay dor-*
   mi, &c.

     Q̌uando. Si.   *Quand. si*
yo fuere muerto, &c. *ie serai mort , ie suis mort,*
   &c.

Dormir, morir,   *Dormir, mourir.*
auer dormido, ser muerto: *auoir dormi, estre mort.*
auer de dormir, morir, *deuoir dormir, mourir.*
estár para dormir , morir, *estre prest à dormir,*
   à mourir.
Durmiendo, muriendo, *dormant, mourant.*

     Morir, *se compose auec* me, te, se, *& lors il est actif*
quant à la voix, prenant pour auxiliaire Hauer, *mais*
il ne se trouue gueres au parfait qu'en la troisiéme per-
sonne: Il fait aussi yo soy muerto, *ie suis mort.*

Coniugaison des Verbes Yr, & Andar.

     Il faut coniuguer ces deux verbes Yr *&* Andar *en-*
semble, par-ce qu'ils signifient vne mesme chose , bien
qu'ils soient aucunement differens quant à l'vsage, de-
quoy ie dirai vn mot à la fin.

Yo voy, ando,   *Ie vay.*
vas, andas,   *tu vas.*
va, anda,   *il va.*
ymos ô vamos, an   *nous allons.*
   damos,
ys ô vays, andays,   *vous allez.*
van, andan,   *ils vont.*
Yo yua, andaua,   *i'allois.*
yuas, andauas,   *tu allois.*

yua, andaua,	*il alloit.*
yuamos, andáuamos,	*nous allions.*
yuades, andáuades,	*vous alliez.*
yuan, andauan,	*ils alloient.*
yo fue ô fui, anduue,	*ie fus, ou i'allay.*
fuefte ô fuifte, anduui-	*tu allas.*
fte,	
fue, andúuo,	*il illa.*
fuemos ô fuimos, an-	*nous allafmes.*
duuimos,	
fueftes ô fuiftes, andu-	*vous allaftes.*
uiftes,	
fueron, anduuieron,	*ils allerent.*

I'ay mis, fue & fui, fuefte & fuifte, fuemos &
fuimos, fueftes & fuiftes, pour raifon que le Sieur
Miranda faict vne diftinction entre fue, fuefte, fue-
mos, fueftes, qu'il dit eftre de yr: *&* fui, fuifte, fui-
mos & fuiftes, de fer. Toutesfois i'ay toufiours trou-
ué fui, & le refte, en mefme fignification de fue, & ne
me fouuient point l'auoir leu autrement.

yo he, vue y auia fido; andado: *i'ay, i'eu & auoi*
  efté, *ie fus & eftois allé.*

                Item.

yo Soy ydo.	*ie fuis allé.*
tu eres ydo,	*tu es allé.*
el es ydo, el fe haydo,	*il eft allé, ils s'en eft allé.*
ellos han ydo,	*ils font allé.*
fe han ydo,	*ils s'en font allez.*
ydos fon,	*ils font allez.*

                Item.

yo me hauia ydo,	*ie m'en eftois allé.*
tu te auias ydo,	*tu t'en eftois allé.*
el fe auia ydo,	*il s'en eftoit allé.*

nos auiamos ydo,	*nou nous en estions allez.*
os auiades ydo,	*vous vous en estiez allez.*
auian se ydo, ô se auian ydo,	*ils s'en estoient allez.*

Item.

yo he, vue, & auia ydo, andado, *i'estois allé.*

Le futur de andar, *qui est* andaré, *n'est guere en vsage.*

yo yre,	*i'iray.*
yras,	*tu iras.*
yra,	*il ira.*
yremos,	*nous irons.*
yreis,	*vous irez.*
yran,	*ils iront.*
yo he y tengo de yr,	*Il faut que i'aille.*
ve tu, anda tu,	*va.*
vaye el, ande aquel,	*qu'il aille ou voise.*
vamos nof. andemos nof.	*allons.*
yd vof. andad vof.	*allez.*
vayan ellos, anden	*qu'ils aillent ou voisent.*
aquellos,	
ve te de ay,	*va t'en de là.*
Oxala, Aunque.	*Dieu vueille que. Encor que.*
yo vaya, andes,	*i'aille, ie voise,*
vayas, andes,	*tu ailles, tu voises.*
vaya, ande,	*il aille, il voise.*
vamos, andemos,	*nous allions.*
vays, andeys,	*vous alliez.*
vayan, anden,	*ils aillent, ils voisent.*
Oxala, Aunque.	*Pleust à Dieu que. Cõbiẽ que.*
yo fuesse, anduuiesse,	*i'allasse.*
fuesses, anduuiesses,	*tu allasses.*
fuesse, anduuiesse,	*il allast.*
fuessemos, anduuiessmos	*nous allassions.*
fuessedes anduuiessedes	*vous allassiez.*
fuessen, anduuiessen.	*ils allassent.*

O fi. Si.　　　　　*o fi. Si.*

yo fueffe anduuieffe, &c. *i'allois, &c.*

　　　Quand.　　　　　*Quand.*

yo fueffe, anduuieffe, &c. *i'iroy, &c.*

Oxala, Aunque. *Dieu vueille que. Combien qu*

yo aya Sido, fea andado, *i'aye efté, ou ie fois allé. &*

yo fea ydo, &c.

　　　　　　Item.

yo aya ydo, andado,　　*ie fois allé.*

Oxala, Aunque,　　　　*Pleuft à Dieu que. Encor*
　　　　　　　　　　　　que.

yo Fuera, anduuiera,　*ie fuffe allé.*

fueras, anduuieras,　　*tu fuffe allé.*

fuera, anduuiera,　　　*il fuft allé.*

fueramos, anduuiera-　*nous fufsions allez.*
　mos.

fuerades, anduuierades, *vous fufsiez allez.*

fueran, anduuieran,　　*ils fuffent allez.*

yo Fueffe y fuera ydo, andado, &c. *ie m'en fuffe, &*
　feroisallé.

　　　　　　Item.

yo vuieffe vuiera ydo, andado, &c. *ie fuffe ou ferois*
　allé, &c.

yo Yria, andaria,　　*i'irois.*

yrias, andarias,　　　*tu irois.*

yria, andaria,　　　　*il iroit.*

yriamos, andariamos, *nous irions.*

yriades, andariades,　*vous iriez.*

yrian, andarian,　　　*ils iroient.*

　　　Quando. Si.　　　*Quand. Si.*

yo Fuere, anduuiere,　*i'iray, ie vai.*

fueres, anduuieres,　　*tu iras, tu vas.*

　　　　　　　　　　　fuere,

fuere, anduuiere : *Voyez le present & le futur de*
l'Indicatif pour le François,

fueremos, anduuieremos,
fueredes, anduuiredes.
fueren, anduuieren.

Quando. Si.   *Quand. Si*

yo vuiere Sido, andado, &c. *i'aurai esté, ou serai al-*
lé: ie suis allé, &c.

yo fuere ydo, andado,   *Idem.*
Yr, andar, hauer ydo,   *aller, estre allé*
auer de yr, andar,   *deuoir aller.*
ser por yr, andar,   *estre pour aller.*
yendo, andando,   *allant.*

Quant à l'acception de ces deux verbes, il faut en-
tendre que yr *denote simplemet l'action d'aller & che-*
miner de lieu à autre, mais andar, *signifie comme aller*
errant çà & là, sans determiner aucun lieu, & a quel-
quefois la force, de venir, comme anda ca, venez ça, *&*
se dit quasi par vne maniere de cholere & commande-
mens. Il s'vse aussi auec iniures : comme, andad para
ruin, perro, Moro, Iudio, hereje, ladron, puto:
allez meschant que vous estes, chien, More, Iuif, Here-
tique, larron, paillard. Il se prend aussi en certaines
actions qui ne signifient point aller en aucun lieu, cōme
en que andas ? *que fais-tu ?* andaos ay ; *allez vous y*
frotter, anda os ay a dezir donayres; *allez-y vn peu*
vous gausser. Il faut aussi noter que va, *troisiesme per-*
sonne de voy ; *se prend en deux ou trois diuerses signi-*
fications: comme, Que va en ello? no va en ello nada. *Qu'importe cela? il n'importe rien.* Lo que va de
mi al Rey, esso va de vos a vn sabio. *Autant qu'il*
y a à dire de moy au Roy, autant y a-il de difference
de vous à vn sage homme. Mucho va de Pedro a

I

Pedro. *Il y a bien à dire de pierre à pierre.* Como os va en essa tierra? *Comment vous trouuez vous en ce quartier-la;* Como os fue en el camino de Milan *Comment vous en prit-il au chemin de Milan?* Todo va bien; *Tout se porte bien. Ie pourrois alleguer icy beaucoup d'autres exemples, mais ie remets le tout à la diligence des estudians.*

Il faut encor adiouster icy le verbe Vengo, *pour conclusion de nos coniugaisons.*

yo Vengo, vienes, viene, venimos, venis, vienē. *Ie vien, tu viens, il vient, nous venons, vous venez, ils viennent.*

yo Venia, venias, venia, veniamos, veniades, venian: *ie venoy, tu venois, il venoit, nous venions, vous veniez, ils venoient.*

yo vine, veniste, vino, venimos, venistes, vinieron: *Ie vins, tu vins, il vint, nous vinsmes, vous vinstes, ils vindrent.*

yo he, vue, y auia venido: *ie suis, ie fus, & estois venu.*

yo soy, fui, y era venido, *idem.*

yo verne y vendre, 　　*ie viendray.*

vernas y vendras, 　　*tu viendras.*

verna y vendra, 　　*il viendra.*

vernemos y vēdremos, *nous viendrons.*

verneys y vendreys, 　*vous viendrez.*

vernan y vendran, 　　*ils viendront.*

yo he y tengo de venir, *ie viendray, & il faut que*
　　　　　　　　　　　ie vienne.

ven tu, ven aca, 　　　*viens, viença.*

venga aquel, 　　　　*qu'il vienne.*

vengamos nos, 　　　*venons.*

venid vosotros, 　　　*venez.*

vengan aquellos,   *qu'ils viennent.*

Oxala, Aunque,   *Dieu vueille que, Combien*
que.

yo venga, vengas, venga; *ie vienne, tu viennes, il*
vienne.

vengamos, vengays, vengan ; *nous venions, vous*
veniez, ils viennent.

Oxala Aunque.   *Pleuft à Dieu que. Encor. que.*

yo venieſſe, vinieſſes, vinieſſe, venieſſemos, vi-
nieſſedes, vinieſſen : *ie vinſſe, tu vinſſes, il vinſt,*
nous vinſſions, vous vinſſiez, ils vinſſent,

O ſi.   Si.   *O ſi.   Si.*

yo venieſſe, ſes, ſe, &c. *Ie venoy, tu venois, il ve-*
noit, &c.

Quando,   *Quand.*

yo vinieſſe, &c.   *ie viendroy, ou viendroit.*

Oxala, Aunque,   *Plaiſe à Dieu que. Combien que.*

yo aya venido, yo ſea venido, *ie ſois venu, &c.*

Oxala, Aunque, &c. *Pleuſt à Dieu que. Combien que*

yo viniera, vinieras, viniera, vinieramos, vinie-
rades, vinieran: *ie fuſſe venus, tu fuſſes venu, il fuſt*
venu, nous fuſſions venus, vous fuſſiez venus, ils
fuſſent venus.

Item.

yo vuieſſe y vuiera venido, &c. *Ie fuſſe & ſerois*
venu, &c.

yo fueſſe y fuera venido, *ie fuſſe, & ſerois venu.*

yo Vernia y vendria,   *ie viendrois.*

vernias y vendrias,   *tu viendrois.*

vernia y vendria,   *il viendroit.*

verniamos y vedriamos, *nous viendrions.*

verniades y vendriades, *vous viendriez.*

I ij

venian y vendrian ; *ils viendroient.*

Quando. Si. *Quand. si.*

yo Viniere, vinieres, viniere, vinieremos, vinie-
redes, ô vinierdes, vinieren: *ie viendrai, ie viens,*
&c. Voyez le present & futur de l'Indicatif, pour le
François.

Quando. Si. *Quand. si.*

yo vuiere y fuere venido, &c. *Ie seray venu ; ie*
suis venu, &c.

Venir,	*Venir.*
auer y ser venido,	*estre venu.*
auer de venir,	*deuoir venir.*
estar por venir,	*estre pour venir.*
veniendo o viniendo,	*venant.*

On pourroit fonder vne difficulté sur ce que l'on dit
yo he venido; *& yo soy venido; mais pour l'esclair-*
cir, il faut sçauoir que le premier signifie l'action &
mouuement de la venuë; & le second denote le repos a-
pres la venuë ; comme pour exemples du mouuement,
on demandera, quien ha venido aca? *qui est venu icy.*
Il s'entendra d'vne personne qui ne sera plus present:
Et pour le regard du repos, on pourra dire, v. m. sea
bien venido, *vous sirez le bien venu là où se voir*
estre la personne en presence.

Mais il faut noter que quand ces verbes voy, ando,
& vego, *sont auec le verbe* soy, *qu'ils se disent au plu-*
rier, comme: venidos somos; *nous sommes venus:* y dos
son, *ils sont allez, où ils sont allez:* Andados son los
dias, *les iours sont passez.*

Il ne faut pas oublier à dire, que le futur de l'indica-
tif, de tous les verbes, s'explique souuent par l'Infinitif,
en y adioustant le verbe, he, has, ha ; *& interposant les*
particules, me, te, se, le, la, lo, les las, los: *comme Ila-*

marme has, dezir te he, hazer ſe ha, verlo has:
querer la he: embiarle ha, &c. *pour dire,* llamaras
me: te dire *ou* dire te: hara ſe: lo veras: querre la:
le embiara, &c. *et ne ſe change point la ſignification,*
encor que l'on interpoſe deux deſdites particules, com-
me embiarte la he, pour te la embiare, ie te l'enuoi-
ray. La meſme interpoſition ſe fait quelquefois és au-
tres temps et modes, eſquels le verbe poſtpoſé ſe chan-
ge en la particule hia, *ou* y a, *auec l'accent ſur l'*y, *qui*
ſemble eſtre la dernière partie du temps diuiſé; comme
dezir te hia, *au lieu de* diria te: verlo hias *pour* ve-
rias lo. *Et ainſi de quelques autres que les diligens*
pourront remarquer en liſant: cela ſe fait par vne figu-
re appellee Epenthteſe: Et notez que cela ſe pratique en
tous les nombres et perſonnes.

La ſeconde perſonne du nombre plurier de l'Impera-
tif, ayant apres ſoy l'vne de ces particules, le, la, lo, *ou*
leur plurier, los, les *et* las, *change auſſi touſiours ſa*
lettre finalle, qui eſt d, *à la premiere de la particule; ce*
qui n'eſt autre choſe qu'vne metatheſe ou tranſpoſition
d'ſdites deux lettres; còme au lieu de veedlo, *on met,*
veeldo: dezilde *pour* dezilde: llamalda *pour*
llamadla. *et ainſi preſque generalement de tous.*

I'ay ſouuent trouué que les infinitifs ayans ces ſuſ-
dites particules adiointes, perdent leur lettre fin. de r,
et prennent au lieu d'icelle encor vne l, *qui ſemble*
adoucir vn peu le ſon, comme vello *au lieu de* verlo:
dezillo *pour* dezirle, *et beaucoup d'autres: ce qui ſe*
fait par vne figure nommee Antiſtoichon.

Il faut auſſi noter que ceſdites particules, et gene-
ralement toutes les autres qui ſe compoſent auec ledit
infinitif, comme: me, te, ſe, nos, et os oblique de vos,
ſe conioignent tellement à iceluy, qu'il ne s'en fait que

vne seule diction, ce qui est au contraire de nostre François, où elles se mettent tousiours, non seulement deuant
l'Infinitif, mais deuant tous les autres modes, excepté
l'Imperatif.

Or qui voudroit esplucher toutes les coniugaisons
des verbes, tant reguliers qu'irreguliers, il seroit besoin
d'vn bien gros volume, mais ie me contenteray pour le
present de ce que i'en ay dit, n'estimant pas y auoir plus
de difficulté aux autres qu'a ceux que i'ay mis : Il reste
seulement à dire qu'il y en a quelques-vns desquels le
present de l'Indicatif est assez difficile à former au regard de l'Indicatif, côme; Obedescer fait obedesco.
Traduzir, traduzgo, qui a au passé parfait tradu-
xe. Poner fait pongo: Cozer, cuezgo & cuego:
Agradescer, agaïdez co: Regir, rijo: Fingir a fin-
jo, Coger fait cojo, changeant en ces trois derniers
le g en j, à cause de l'o : Oler fait huelo, en y ad-
iouslant l'h, à la difference de Velo, qui est Indicatif
de Velar.

Des verbes Impersonnels.

Il y a quelques verbes qui se doiuent nommer Imper-
sonnels, d'autant qu'ils ne se trouuent qu'en la troisiesme personne, comme sont: Conuenir, importar, per-
tenescer, acontescer, plazer, pesar: & autres semblables, desquels on vse ainsi.

A mi me conuiene,　　*il me conuient.*
No te importa a ti,　　*il ne t'importe pas.*
A Iuan pertenece,　　*il appartient à Iean.*
Acontesce a muchos,　　*il aduient à plusieurs.*
A todos nos pesa de　*nous sommes tous marris*
　　tu mal,　　　　　　*de ton mal.*

Ils se trouuent aussi bien au plurier que les Imper-
sonn. ls Latins, comme :

Muchas cosas a contescenno pensadas. Plusieurs
choses aduiennent sans y penser.

No me importauan nada estascosas: Ces choses là
ne m'importoient en rien.

Des Gerondifs.

Les Espagnols n'ont que vn Gerondif simple terminé
en do, car des autres ils en vsent auec l'Infinitif, en y
adioustant la particule a, qui signifie pour, & cela s'entend des verbes qui signifient mouuement ou repos,
comme estar, yr, venir, Exemples.

No esteys a hablar de mi ; Ne soyez pas a parler de
moy.

yo vengo a dezir mi parescer ; ie vien pour dire
mon aduis.

vamos a morir por la fe de Christo ; allons mourir
pour la foy de Iesus-Christ.

Quant au Gerondif en do, celuy de la premiere coniugaison se formera de l'Infinitif, chãgeant ar en ando,
comme amar, aman do, estar, estãdo, &c. Celuy de la
seconde changera er, en iendo, comme leer, leyendo,
entender, etendiendo, &c. Pour le regard de la troisiesme il changera le seul r en endo, comme oyr oyendo, dezir diziendo, venir viniendo, mais il faut
prendre garde qu'en plusieurs l'e qui est en la penultiesme de l'Infinitif se change en i au Gerondif, comme vous voiez que dezir fait diziendo, & non pas
deziendo, venir faitveniendo, & viniendo, dont
ce dernier est plus frequẽt: sentir, sintiẽdo, corregir,
corrigiẽdo, morir fait muriẽdo, chãgeant l'o en u.

I iiij

Ledit Gerondif s'vse auec la particule en, *& sans icelle, & denote indifferemment tous les trois temps: à sçauoir le Present, le Passé Parfait, & le Futur, ce qui se cognoist par le verbe qui luy est adioint. Exemple du Passé.* En diziédo estas palabras todos se leuantaron; *En disant ces paroles tous se leuerent.* En llamando a la puerta luego salimos todos ; *En appellant à la porte, nous sortisme incontinent tous. Du Futur.* Yo yre en acabando de comer : *l'iray tout aussi tost que i'auray disné. Et sans la particule* en: Tu vas comiendo por la calle, y poltroneando; *tu vas mangeant par la ruë, & poltronisant ou caymardant.* Yo estoy trabajando, y tu te estas holgando. *Ie trauaille, & tu ne fais rien: ce dernier exemple est du temps Present, & s'en pourroit alleguer assez d'autre, si besoin estoit, mais il suffira de cognoistre de quel temps est le verbe adioint au Gerondif.*

Il est bien à noter, que les Espagnols vsent quasi tousiours du Gerondif, pour quelque verbe ou temps que ce soit, en y adioustant estar, *comme pour dire: ie disne, tu te moques, il escrit: ils disent:* Estoy comiendo, tu te estar burlando, esta escriuiendo: *Ie disne, tu te mocques, il escrit,* yo estaua cenando, tu estauas durmiendo, el estaua hablando ; *ie soupois, tu dormois, il parloit, & ainsi de tous les autres.*

Des Participes.

Les Participes ont leurs genres, signification & temps, ainsi que les Latins, à sçauoir le present, comme: amante; escriuiente ; oyéte; siruiente; creciéte; menguante; paciente ; teniente; conosciéte; *& autres semblables terminez en* te, *au lieu desquels quel-*

quesfois se met le verbe auec l'article ou pronom, el, & le relatif que; comme, el que ama: el que escriue: el que oye, &c. *Les participes du preterit se treminent en do, & se forment ceux de la premiere & troisiesme coniugaison de l'Infinitif, changeant* r *en do, comme* amar, amado, oyr, oydo. *Mais ceux de la seconde changeant la sillabe* er, en ido, *comme:* saber, sabido: querer, querido, &c.

Il y en a quelques-vns exceptez de ceste reigle, comme suelto *de* soltar: muerto *de* morir: hecho *de* hazer: dicho *de* dezir: puesto *de* poner: escrito *de* escreuir: buelto *de* boluer: cubierto *de* cubrir: confuso *de* confundir: despierto *de* despertar: abierto de abrir, & visto de ver. *Pour le regard du Futur, il s'vse par circonlocution auec le verbe* ser, *comme:* El que ha de ser amado : *celuy qui sera ou qui doit estre aimé.* El que ha de ser muerto : *celuy qui doit estre mort, ou qui doit mourir. Suffira iusques icy ce que nous auons dit des parties declinables, venons aux autres.*

De l'Aduerbe.

L'Aduerbe est vne partie d'oraison, laquelle se ioint tousiours auec le verbe pour signifier temps, lieu, qualité, nombre, quantité, affirmation, & plusieurs autres accidens, qui se cognoistront par la composition des mesmes aduerbes, desquels nous mettrons la pluspart, & premierement.

Des aduerbes du temps.

Oy, *Auiourd'huy,* ayer, *hier,* ante ayer, *deuant hier,* Mañana, por la mañana, *demain au matin.* Tarde, *tard,* por la tarde, *le soir, ou au soir.*

Temprano,	*de bonne heure.*
Agora,	*à ceste heure.*
Poco tiempo ha,	*il n'y a pas long temps.*
Poco ha, *n'agueres.*	*despues.　depuis.*
Alguna vez *quelquefois.* Amenudo, *souuent.*	
souuentesfois.	
En algun tiempo,	*autresfois, vn temps fut.*
Muchos dias ha,	*il y a plusieurs iours.*
Muchas vezes,	*plusieurs fois.*
Quando.	*Quand.*
Mucho hay,	*il y a long temps.*
Entonces, *alors.* En aquella sazon, *en ce temps-là.*	

Al presente, *signifie quelquefois, pour lors, comme:* estaua al presente en aquella ciudad : *il estoit pour lors, ou il y auoit pour lors en icelle cité.*

Entre tanto, en este comedio, *en ces entrefaites, ce pendant.*

Hasta que,	*iusques à ce que.*
Mientras.	*pendant que.*

Por adelante, de aqui adelante, en lo venidero, *cy apres, d'icy en auant, à l'aduenir.*

Desde entonces,	*des lors.*
Desde agora,	*des à present.*
Nunca jamas,	*iamais.*
Aun,	*encores.*
Contino,	*continuellement.*
De contino,	*d'ordinaire.*
Luego, encontinente,	*incontinent.*
A la hora: *à l'heure*	*ya. desia.*
Iamas,	*iamais.*
Siempre, siēpre jamas,	*tousiours, tousiours mais.*
Para siempre jamas,	*à tousiours mais.*
Dende agora,	*des apresent.*

Dende entonces,	*dés lors.*
hasta quando,	*insques à quand.*
hasta tanto,	*insqu'a tant,*
desde que,	*dés que.*
de ay adelante,	*de là en auant.*
despues aca,	*depuis en ça.*
A esta parte,	*en ça.*
a deshora,	*à l'impromiste.*
de aqui a vn rato,	*d'icy à vn peu.*
cada dia,	*chacun iour.*
cada hora, cada rato,	*à toute heure, à tout coup.*
cada momento,	*à chaque moment.*
quando quiera,	*à quelque heure que ce soit.*
Ante *ou* antes,	*deuant.*
denantes,	*auparauant.*

Cet aduerbe cada, *se ioint aussi bien au nom comme au verbe, & se dit* cada vno, *chacun;* cada hombre, *chaque homme,* cada qual con su ygual, *chacun auec son semblable.*

Luego *se trouue aussi en la Conionction, & lors il signifie,* doncques.

Desde *&* dende, *sont aussi bien Aduerbes du lieu que du temps, comme:* desde aqui alli ay tres leguas, *d'icy là il y a trois lieuës:* ante, poco *&* mucho, *n'estans ioints à d'autres particules, changent de nature car* ante *est aussi Proposition, &* poco *&* mucho *sont aduerbes de quantité, ou de comparaison.*

L'aduerbe jamas, *est peu souuent affirmatif, ains quasi toufiours negatif, raison pourquoy il se mettra encore auec les aduerbes de la negation.*

A esta parte, *comme;* De tres años a esta parte, *depuis trois ans en ça.*

Des aduerbes du lieu.

A qui, *icy*, ay. alli, *là.* De aqui, *d'icy.*

de ay, de alli, *de là.*

por aqui, *par icy*, por ay, por alli, *par là.*

aca, *deçà*, alla. *là*, aculla, *illec, par delà.*

de aca, *de deçà*, de alla, de aculla. *de par delà.*

por aca, *par deça*, por alla, por aculla, *par deçà.*

lexos, *loin*, dentro, *dedans*, fuera, *dehors.*

a dentro, *au dedans*, a fuera, *au dehors.*

do, ado adonde, donde, *où.*

de do, de donde, *d'où.*

por donde, *par où*, ay abaxo, aculla abaxo, *là bas.*

aca abaxo, *ça bas*, házia o hacia, *vers.*

arriba, de suso, *en haut*, de yuso, abaxo, *en bas*, a-
tras, *en arriere.*

do quiera, ado quiera, donde quiera, *en quelque*
lieu que.

a quende, *de deçà*, allende, *outre, de delà.*

de otra parte, *d'autre-part.*

por otra parte, *d'autre costé.*

en otra parte, *autre part.*

a otra parte, *en autre lieu.*

Il sera bon icy d'noter que ces premiers aduerbes du
lieu, à sçauoir aqui, ay, alli, & aca, alla, acula, s'at-
tribuent à diuers temps & personnes, sçauoir aqui, &
aca, à la premiere, c'est à dire au lieu où est la personne
qui parle: ay & alla se donnent à la seconde, & alli &
aculla se ioignent à vn tiers lieu où est vne autre personne: aqui, ay & alli sans particules, signifient quie-
tude ou repos en vn lieu, & auec les particules elles denotent mouuement du lieu.

Exemple.

V.m.me eſcriue que yo le eſcriua, ſi eſta aqui ſu hermano, de lo qual eſtoy eſpantado, creyēdo que eſtuuieſſe ay, mas de ſeis dias ha, porque de Roma me eſcriueron, que auia eſtado alli dos dias eſperando cōpañia. El ſe partió de aqui a los quinze de Mayo, y no ſe ſi ha de boluer aca preſto tambien me da mucha pena, el no oyr coſa chicani grāde del, que ſi por ay paſſare alguno dela corte, ruego a v.m.le encamine por aqui, para que ſepamos ſi por alli paſſó, por dōde paſſaron los otros.

Vous m'eſcriuez que ie vous eſcriue ſi voſtre frere eſt icy, dequoy ie ſuis eſtonné, croyant qu'il fuſt par delà il y a plus de ſix iours: car on m'a eſcrit de Rome qu'il auoit eſté là deux iours, attendant compagnie. Il partit d'icy le quinziſme de May, & ne ſçay pas s'il doit reuenir bien toſt par deça. Ie ſuis auſſi fort en peine, de n'ouoir aucune choſe qui ſoit de luy: que s'il paſſe par là quelqu'vn de la Court, ie vous prie del'addreſſer par icy, afin que nous ſçachions s'il a paſſé par là où les autres ont paſſé.

Quant à ces autres, aca, alla, aculla, auec les prepoſitions, ils ſont quaſi ſemblables, excepté que l'on parle plus generalement par iceux que par les premiers, comme ſi vn homme rencontroit vn autre, & qu'il luy vouluſt demander, ce qu'il fait en ces quartiers où il le rencontre il dira: Que hazer v.m. por aca? *que faictes vous par deça?* & ne ſera ſi proprement dit por aqui, *par icy. Item* Alla eſtuue el otro dia, y no vi a v.m. *Ie fus par delà l'autre iour, & ſi ie ne vous veis point.*

Item.

No se si haurà passado　*Je ne sçay si mon frere*
por alla mi hermano : *aura passé par delà, il s'en*
va se daca para alla va- *va deça & delà vagabond,*
gabundo, y el otro dia *& l'autre iour il fut là bas,*
estuuò aculla abaxo,　*plus de trois heures.*
mas de tres horas.

Là où il se peut voir que alla *se refere à la personne*
à qui l'on parle, alli, *se peut rapporter à vne tierce de*
laquelle on parle, c'est à dire, au lieu où elle est, mais
aculla *s'entendra seulement du lieu, sans denoter au-*
cune personne, à quoy il faut bien prendre garde.

Il y a quelques aduerbes du temps, qui se prennent
aussi pour aduerbes du lieu, comme font, de aqui adelante, *d'icy en auant,* de ay adelante, *de là en auant,*
en outre.

Ces aduerbes aquende & allende, *sont peu en vsa-*
ge, à cause de leur antiquité, & au lieu d'iceux se pre-
nent desta parte, & del otra parte, *ou* de aquella
parte : allende, *est toutesfois bien plus practiqué pour*
signifier outre & d'auantage, comme allende desto,
outre cecy, & vaut autant que, de mas desto. *Ils sont*
aussi Prepositions : car il se trouue en des liures anciens
aquende el mar, *deça la mer :* allende el rio, *de delà*
la riuiere.

Aduerbes du nombre.

Les Aduerbes du nombre ne sont autre chose que les
noms numeraux, adioustant vez *à l'vnité, &* vezes *à*
la pluralité, comme :

Vna vez, *vne fois.*

dos vezes, *deux fois.*

tres vezes, *trois fois.*

quatro vezes, *quatre fois.*

cinco vezes, *cinq fois.*

seys vezes, *six fois.*

veynte vezes, *vingt fois.*

veynté y vna vez, *vingt & vne fois.*

treynta vezes, *trente fois.*

quarenta vezes, *quarante fois.*

cien vezes, *cent fois.*

mil vezes, *mille fois.*

cien mil vezes, *cent mille fois.*

Et ainsi de tout le reste iusques à l'infini, en prenant comme dit est les nombres, desquels se pourront aussi former quelques aduerbes, sans y adiouster vez *ny* vezes, *comme sont,* de dos en dos, de tres en tres, de quatro en quatro, *qui sont aduerbes d'ordre, comme qui diroit,* van de dos en dos, *ils vot de deux à deux, trois à trois, quatre à quatre : ce qui s'entend en forme d'aller en ordre, mais* vno a vno, dos a dos, tres à tres, quatro a quatro, *se deuroient entendre comme de deux parties contraires & opposees l'vne à l'autre; comme qui diroit,* vn contre vn, deux contre deux; trois contre trois, quatre contre quatre: & tantos a tantos, *veut dire, autant d'vn costé que d'autre.*

Exemples.

Vamos tres a tres, o tantos a tantos, a reñir, que me contento dello.

Allons nous battre trois contre trois, ou autant de part que d'autre, que i'en suis d'accod.

Et ne sera pas bien dit, vamos de dos en dos, *ou* de tres en tres, de vno en vno, *qui sont aduerbes de l'ordre, comme dit est, ou pour le moins seruans à l'ordre.*

Aduerbes de quantité.

Mucho, *beaucoup, moult,* Poco, *peu.*

muy mucho, *tres-bien; nous ne disons pas en François, tres-beaucoup.*

muy poco, *fort peu, ou tres-peu.*

vn poco, poquito, *vn peu, vn bien peu.*

muy poquito, *fort peu.*

aſſaz, harto, *aſſez ſuffiſamment.*

harto poco, *aſſez peu.*

demaſiado, *trop, par excés, exceſſiuement.*

de mas deſto, *outre ce, d'auantage.*

al pie de ciento, *bien cent, ou enuiron cent,*

al pie de mil, *bien mille.*

mucho mas, *beaucoup plus.*

poco mas, *peu plus.*

demaſiadamente, *exceſſiuement, deſmeſurément;*

ſin medida, *deſmeſurément, ſans meſure.*

tanto quanto, *autant que.*

tan quan, *autant que.*

abundantemente & abundoſamente, *abondamment, à foiſon.*

en abundancia, *en abondance.*

a montones, *à monceaux, à tas.*

Ces aduerbes, tanto & quanto, s'adioignent touſiours au verbe & au ſubſtantif: mais tan & quan, ſe mettent deuant le nom adiectif, ou vn autre aduerbe.

Exemples.

Yo tengo tan buenos amigos como vos, y tan buena renta.	*J'ay d'auſſi bons amis que vous, & d'auſſi bon reuenu.*

O quan

O quan mal lo ha-
zeis comigo, y quan
bien lo he hecho yo
con vos.

O que vous vous com-
portez mal en mõ endroit,
& que ie me suis biẽ com-
porté au vostre,

Quanto hago todo es
en vano.

Tout ce que ie fay est
pour neant.

Tanto me direis, que
lo creere.

Vous m'en direz tant,
que ie le croiray.

Tanto quãto me di-
xerdes harè.

Tout ce que vous me di-
rez, ie le feray,

No tengo tanto di-
nero como vos.

Ie n'ay pas tant d'ar-
gent que vous.

En ces exemples cy dessus, il se voit que tanto *&*
tan *signifient, si & aussi ; qui ont, la mesme force que,*
tant *ou* autant *; comme il se verra encor en ces suiuans,*
esquels ils sont mis deuant les noms adiectifs ou parti-
cipes, & autres aduerbes, mais non deuant le verbe,
comme.

Cantaua tan dulce-
mẽte, hizolo tan saba-
iamente y tan biẽ, que
no podia ser mejor.

Il chãtoit si doucement,
il le feit si sagement & si
bien, qu'il ne pouuoit estre
mieux.

Es tan amado, tan fa-
uorecido, tã querido,
y tã desseado de todos,
que no ay hombre
mas dichoso que el.

Il est tant aimé, tant fa-
uorisé, si bien voulu, &
tant desiré de tous, qu'il
n'y a homme plus heureux
que luy.

Et tan hermosa, tan
linda, tan galana, tan
virtuosa, tan bien acõ-
dicionada, que tiene
pocas que se le ygua-
len.

Elle est si belle, si iolie, si
mignonne, si vertueuse, si
bien complexionnée, qu'el-
le a peu de semblables, ou
qui luy soient esgales.

K

Ces trois aduerbes, mas, muy *&* mucho, *seruent auec les noms positifs à former les comparatifs, & lors ils sont aduerbes de comparaison, en augmentant la qualité, comme ;* triste, mas triste, *triste, plus triste :* bueno, muy bueno, *bon fort bon.*

Mucho *sert au comparatif & superlatif, & signifie quelquesfois,* trop, *quand il est ioint au nom adiectif : comme,* Es mucho grande, *il est trop grand : car pour signifier beaucoup (ie dis en augmentant la qualité) il faut dire* muy, *comme :* Esta dama es muy hermosa, *Ceste dame est fort belle.*

Quelquesfois aussi l'on ioint deux desdits aduerbes ensemble pour mieux exprimer vn superlatif, ou pour redoubler d'auantage le comparatif, comme :

Muy mas grande, *beaucoup plus grand :* mucho mas triste, *beaucoup plus triste.*

Voila ce qui est de la formation reguliere des comparatifs, dequoy ne s'estant point parlé en traictant des noms, cecy sera suffisant pour la monstrer. Il y en a quelques-vns irreguliers, comme, mejor, peor, mayor, menor, *de* bueno, malo, grande, pequeño, *qui sont positifs.*

Les superlatifs ne prennent point d'aduerbes, ny d'autres particules, ains suiuent la forme Italienne : ils ont toutesfois trois diuerses fins, à sçauoir : ssimo, limo, *&* errimo, *comme,* bonissimo, santissimo, dificilimo, similimo, acerrimo, vberrimo.

Aduerbe de qualité

Bien, buenamente, *Bien, bonnement.*
mal, malamente, *mal, malement, mauuaisement.*
osademente, *hardiment.*
atteuidamente, *audacieusement.*

hermoſamente, *ioliement, & de belle façon.*

dulcemente, *doucement.*

donoſamente, *plaiſamment.*

prudentemente, *prudemment.*

ſabiamente, *ſagement.*

fuertemente, *fort & courageuſement.*

elegantemente, *elegamment.*

liberalmente, *liberallement.*

ligeramente, *legerement.*

dichoſamente, *heureuſement.*

gentilmente, *gentiment.*

facilmente, *facilement.*

difficilmente, *difficilement.*

adrede, *expres, expreſſement.*

lindamente, *ioliement.*

pulidamente, *nettement.*

delicadamente, *delicatement.*

locamente, *follement.*

a ſabiendas, *à eſcient, ſciemment.*

Et ainſi pluſieurs autres qui ſe termineront quaſi tous en mente, *eſtans formez des noms, cõme:* ſabiamente *de* ſabio, &c. *à tous leſquels ſe peut adiouſter ceſte au-*
tre Aduerbe, muy, *pour ſignifier augmétation de qua-*
lité, comme? muy ſabiamente, *fort ſagement, &c.*

On trouue ſouuent en la compoſition deux de ces Ad-
uerbes mis de ſuite, dont le premier ſe retrãche de deux
ſillabes entieres, comme: ſabia y diſcretamẽte, *pour*
dire ſabiamente y diſcretamente, *& ſuffit que*
le dernier ſoit entierement exprimé

Aduerbes de negation.

No, ni, ni aun,	*non, ni, ni meſmes.*
aun no, no aun,	*non encores, pas encores.*

R ij

ni menos tempoco.	*ny moins, aussi peu.*
ni tampoco,	*ny aussi peu.*
nada, nonada,	*rien, rien qui soit.*
jamas, nunca,	*iamais.*
en ninguna manera,	*nullement, en façon quelconque.*
antes, mas antes,	*ains, mais plustost.*
no solamante,	*non seulement.*

L'aduerbe no, *est tousiours negatif, soit seul ou accompagné, car deux negations n'affirment pas, de sorte que* nada *&* nonada, *signifient vne mesme chose:* tampoco, *&* ni tãpoco *sont semblables,* jamas *&* nunca jamas, *sont tout vn.* Menos *est icy simple negation, qui s'explique en François, en adioustant encores; & se trouue communement és interrogations, Exempl.* Tienes dinero? no; y vestidos? menos: y de come? menos; *qui veut dire: as-tu de l'argent? non, & des habits? encor moins, & à manger? encor moins: à quoy se peut aussi adiouster la negatiue* ni; *comme,* no tengo dineros, ni menos vestidos: *Mais quand la particule* que *vient apres, alors il est aduerbe comparatif, & non pas negatif: comme,* yo tengo menos que tu, *i'ay moins que toy.* No nada, *se trouue separément interposant vne autre diction, comme;* no quiero nada, *ie ne veux rien: & aussi conioint, comme* no nada quiero, *ce qui ne change point la signification.*

Aduerbes affirmatifs.

Si,	*ouy.*
tambien,	*aussi.*
si cierto,	*ouy certainement.*
si por cierto,	*ouy pour certain.*
si de verdad,	*ouy en verité.*

por cierto,	pour certain.
por verdad,	veritablement.
porque no?	pourquoy non?
ciertamente,	certainement.
affi es, fin duda,	il eſt ainſi, ſans doute.
amen,	il eſt vray.
conuienne a ſaber,	c'eſt à ſçauoir.
otroſi,	ſemblablement, auſſi.
anſi es,	il eſt ainſi,
quien duda?	qui en doute?
a oſadas,	hardiment, certainement.

de verras, *de vray, à bon eſcient, vrayement.*

Ceſte façon d'affirmer par vne negatiue en forme d'interrogation eſt fort iolie, comme ſi on demandoit à quelqu'vn, vendreys mañana? il reſpõdroit fort bien à propos, porque no ? qui ſeroit affirmer, autant que s'il diſoit ouy.

A ceſt aduerbe de verras, *reſpond de* burlas *qui ne ſemble pas eſtre autrement, aduerbe, ne ſe trouuãt point entre les negatifs, encor qu'il ſoit contraire & priuatif de l'autre, mais pour mieux dire, ils ſont relatifs oppoſez & contraires, & lors tous les deux ſe trouuans enſemble, perdent la nature d'aduerbe, comme il ſe peut voir en ce prouerbe.*

De burlas ni de veras, con tu ſeñor no partas peras. *Par ieu, ny à bon eſcient, ne partis poires auec ton ſeigneur. C'eſt à dire, qu'il ne faut rien auoir à deſmeſler ou partager auec ſon ſeigneur, ou autre plus grand que ſoy.*

Notez icy en paſſant, que pluſieurs ſe trompent en l'acception de ces deux aduerbes, tambien *&* tampoco, *d'autant que tous deux s'expriment en Frãçois par ce mot, auſſi : ne conſiderant pas qu'il faut vſer de* tambien *pour l'affirmatiue, & de* tampoco, *pour la negatiue, car de fait, pensant dire en Espagnol, ny moy aussi, ils disent* ny yo tambien, *au lieu de dire,* ni yo tampoco, *ou simplement ;* yo tampoco, *qui est plus elegant, sans y adiouster la particule* ni.

Aduerbes de desirer.

Oxala, *mot Arabic qui s'accommode à tous les temps de l'Optatif, & signifie autant que ces formes suiuantes.*

Plega a Dios,	*plaise à Dieu.*
Pluguiesse a Dios,	*pleust à Dieu.*
Pluguiera a Dios,	*qu'il eust pleu à Dieu.*
Quiera Dios,	*Dieu vueille.*

Mais ledit Oxala, *se met simplement sans y adiouster la particule* que, *laquelle les autres formes requierent. Quant à l'vsage de ces aduerbes, il s'est veu és coniugaisons des verbes.*

O si.	*o si.*
Ansi fuesse,	*qu'ainsi fust. Qu'il fust ainsi.*

Aduerbes d'admonester.

Ea, vaya,	*là doncques, aille doncques, soit,*
ea pues, ora pues,	*& là doncques, or doncques,*
ora sus, sus.	*or sus, sus.*
ara sus,	*sus doncques.*
acaba ya,	*despeche, laisse cela.*
acabemos ya,	*despechons, faisons fin.*

Aduerbes de demonstrer.

He aqui, veys aqui,	*Voicy.*
ves alli,	*voilà.*

he lo aqui,	*le voicy.*
helo alli,	*le voila.*
cataldo aqui,	*voyez le cy.*
cataldo ay,	*voyez le là.*

Aduerbes de l'ordre.

Primeramente,	*premierement.*
principalmente,	*principallement.*
quanto à la primero,	*quant au premier.*
por adelante, en lo venidero,	*pour l'aduenir, à l'aduenir*
de aqui adelante,	*d'ici en auãt, d'oresnauãt.*
de ay adelante,	*de là en auant.*
de alli adelante,	*de là en auant.*
despues desto,	*apres cecy.*
allende desto,	*outre cecy.*
de mas desto,	*d'auantage, d'abondant.*
de nueuo,	*de rechef, de nouueau.*
otra vez,	*encor vne fois,*
alguna vez,	*quelquefois.*
a vezes.	*par fois, de fois à autre.*
al fin, finalmente,	*à la fin, finalement.*
particularmente,	*particulierement.*
despues, despues aca,	*depuis, depuis en ça.*
desque,	*des que.*
al cabo, al fin,	*en fin, à la fin.*
de ay,	*de là.*
entre tanto,	*ce pendant.*
à la postre,	*à la fin.*
de tras,	*derriere, apres.*
Iten,	*Item, en apres.*

Aduerbes remißifs.

D'espacio,	*à loisir.*
poco a poco.	*peu à peu.*

paſſo, paſſito,	*bellement, tout doucement,*
quedo, quedito,	*tout coy, coyement.*
a penas,	*à peine.*
a malas penas,	*à grande peine.*
caſi,	*quaſi, preſque.*
à plazer,	*à plaiſir.*
calla callando,	*ſecrettemēt ſans dire mot,*
callandico,	*fort bellement, tout douce-*
	ment, tout coy.

Aduerbes de douter.

Quiça,	*peut eſtre.*
a caſo,	*à cas, par accident.*
por ventura,	*par aduenture,*
puede ſer,	*peut eſtre.*

De demander ou interroger.

Paraque?	*Pourquoy, à quelle fin?*
porque? por que razon?	*pourquoy? pour quelle raiſõ,*
por que cauſa?	*pour quelle cauſe?*
como? porque no?	*comment? pourquoy non?*
que? a que no?	*quoy? que non? non dea?*
a que propoſito?	*à quel propos?*
por ventura?	*par auanture?*

La particule no *eſtant iointe auec l'interrogant, à la force de demander, encor que ſon propre ſoit de nier, comme,* y reys mâñana : no ? *vous irez demain, non pas?* alla comere : no? *ie diſneray-là, non pas?*

Aduerbe de congreger & aſſembler.

juntamente,	*enſemble.*
a la par,	*coſte à coſte.*
a las parejas,	*pair à pair, de pair, à l'égal.*

juntos, en vno,	*ensemble,*
entrambos, ambos,	*tous deux ensemble.*
tambien,	*aussi.*
de compañia,	*de compagnie.*
hermanablemente,	*fraternellement.*

Cest aduerbe juntos, *admet le feminin* juntas, *par-lant des femmes,* ambos *fait* ambas, *& * entrambos *entrambas, & n'ont autre difference, sinon que* am-bos, *& * entrambos *se disent parlant de deux, aussi que l'on dit* entrambos a dos, *& * entrambas a dos, *mais* juntos *& * juntas, *se peuuent dire de deux, & de plusieurs.*

Aduerbes separatif.

A parte,	*A part.*
a vn cabo, a vn lado,	*à vn costé.*
de tras,	*en derriere.*
en secreto,	*en secret.*
secretamente,	*secrettement.*
apartadamente,	*separément.*
a escondidas,	*en cachette, ou secrettement*
a vna parte,	*d'vn costé,*
a hurto,	*à la desrobee.*
a hurtadas,	*idem.*
a hurtadillas,	*idem.*
solo, solamente,	*seul, seulement.*
tan solamente,	*tant seulement.*
de otra manera,	*d'autre maniere, autremēt.*
fuera, excepto,	*horsmis, excepté.*
no embargante, non obstante,	*nonostant.*
sino,	*sinon.*
a escuras,	*aueuglétes: sans voir goute.*

Tras, est aussi proposition, & signifie apres, mais il est
mis simplement, comme tras su desseo camina cada
vno. Apres son desir vn chacun chemine: ou bien seroit
aduerbe d'ordre , ayant deuant soy a, ou de, comme,
Mira adelante no caeras a tras, *regarde en deuant,*
& tu ne tomberas pas en arriere: il est aussi aduerbe du
lieu , mais en ceste qualité il demande la particule de,
apres soy, comme de tras de mi, *en derriere de moy,* a
escondidas de mi, *en cachette de moy.*

Aduerbes d'Intention ou attention.

De todo en todo.	de tout en tout.
en todo y por todo,	en tout & par tout.
del todo,	du tout.
bien por entero,	du tout entierement.
en gran manera,	grandement.
grandemente,	idem.
enteramente,	entierement.
atentamente,	atentiuement.

Des Comparatifs & Superlatifs.

mas, menos,	plus, moins.
mucho, muy,	beaucoup, fort,
muy santamente,	fort fainctement.
muy doctamente,	fort doctement.
bonissimamente,	tres-bonement, tres-bien.
principalissimamente,	fort principalement.
fortissimamente,	tres-fort & vaillamment, fort cou-rageusement, tres courageusement.

Aduerbes personnels.

Comigo,	auec moy.
contigo,	auec toy.
consigo,	auec soy.

Aduerbes appellatifs.

O là o là,	O la ho.
o como se llama,	hola chose.
aquien digo?	a qui parle-ie?
ha Señor,	hola Monsieur.
cc ce,	escoutez, vn mot.

Aduerbes d'Eslire.

Antes, mas antes,	ains, plustost.
primero que,	deuant que, plustost que.
mejor,	mieux.
mas ayna,	plustost.

Primero, s'vse ainsi, primero me morire que haga esso: *Ie mourray plustost que de faire cela,* ayna, *se prend aussi pour aduerbe du temps, comme il se voit en ce prouerbe suiuant.*

Da Dios alas a la hormiga, paraque se pierda mas ayna: *Dieu donne des ailes à la fourmy, afin qu'el-le se perde plustost.*

Aduerbes de se haster.

Luego, subito,	Incontinent, soudain,
en vn momento,	en vn moment.
a priessa, presto,	en haste, vistement,
pressurosamente,	hastiuement.
a gran priessa,	à grand haste.
arrebatamente,	soudainement, rapidement
en vn cerrar de ojos,	en vn clin d'œil.

Aduerbes de similitudes.

Como, ansi como,	Comme, ainsi comme.
semejantemente,	semblablement.

de la manera que,	*de la maniere que.*
deſta manera.	*en ceſte ſorte.*
de aquella manera,	*de celle façon.*
anſi,	*ainſi.*
caſi,	*quaſi.*

Aduerbes irreguliers.

Il ſe trouue quelques aduerbes irreguliers, qui ſont.

De camino, de paſſada,	*en paſſant.*
Al traues,	*a trauers.*
al reues,	*a ribours, à l'enuers.*
a reculas,	*a reculons.*
reculando,	*en reculant.*
de bruces,	*la bouche en bas.*
a gatas,	*ſe trainant ſur le ventre, ou allant a quattre pattes, rampant.*
a tuerto,	*a tort.*

A ceſt aduerbe reues, *reſpond* derecho, *qui ſignifie l'endroit,* Exemple: El ſayo eſta del reues, bolued lo del derecho : *Le ſaye eſt à l'enuers, retournez le à l'endroit.* Qu'elquesfois reues, *ſignifie, au cõtraire, comme,* Todo quanto aueys dicho es al reues, *tout ce que vous auez dit eſt au cõtraire.* Item, vos ſoys al reues de los otros, *vous eſtes contraire, ou au rebours des autres,* De bruces, *s'y ſe communémẽt auec le verbe* echarſe, *comme,* echarſe de bruces, *ſe ietter ou coucher la bouche en bas, & ſur le ventre,* beuer de bruces, *boire en vne fontaine, eſtant couché le ventre & l'eſtomach contre terre;* caer de bruces, *tomber la bouche en bas contre terre.* Voyez Gueuare *en ſes Epiſtre, lequel met pour contraire;* caer de colodrillo, *qui eſt a dire, tomber à la renuerſe,* colodrillo, *ſignifie le derriere de la teste* : andar a gatas, *aller a quatre partes, comme les chats.*

Ces deux aduerbes embalde *&* debalde, *ont fort differens en signification, quant à la langue Espagnolle, car* embalde *signifie en vain, & sans profit, d'part ny d'autre comme pour exemple:* embalde os trabajays, *vous vous trauaillez en vain, qui vaut autant à dire que, vous perdez vostre peine,* & debalde, *signifie, gratis, sans recompense, mais non pas toutesfois sans vtilité du receuant: comme,* yo hize esto debalde, *i'ay fait cela gratuitement, sans recompense, pour rien. Il peut aussi signifier quelquefois à bon marché, mais il y a vn mot plus propre, qui est,* barato.

Ces deux autres, a trueque *&* en lugar, *signifient quasi vne mesme chose, & demandent l'ablatif apres soy, comme,* a trueque, *ou bien,* en lugar de vuestro cauallo, yo, os dare el mio, *au change ou au lieu de vostre cheual, ie vous donneray le mien. Voila quant aux aduerbes, disons maintenant des autres parties qui restent.*

Des Prepositions.

Il suffira de mettre icy toutes les Prepositions auec leurs significations, pour cognoistre la force d'icelles, d'autant qu'elles ne se construissent pas comme les Latines, car les vnes seruent indifferemment a l'accusatif & a l'abla- tif, & quelques autres en datif, ce qui se cognoistra par l'article de, *ou* a, *adioint a icelles, mais voyons premie- rement celles qui seruent a l'ablatif.*

De,	de.
cerca,	aupres.
de cerca,	de pres.

antes,	*deuant.*
a cerca,	*touchant.*
defta parte,	*de deça.*
a efta parte,	*en ça.*
defte cabo,	*de ce cofté.*
en derredor,	*à l'entour, autour.*
al derredor,	*au tour, à l'entour.*
entorno,	*entour, a l'entour.*
fuera,	*dehors.*
dentro,	*dedans.*
debaxo,	*deſſous.*
encima,	*deſſus.*
ayuſo, de yuſo, abaxo,	*en bas, au deſſous, aual.*
de ſuſo,	*en haut,*
arriba,	*en haut, amont.*
detras,	*derriere.*
empos del,	*apres luy.*
cerca de mi, *le latin dit:* penes me, *id eſt,* en mi po- der y feñorio,	*en ma puiſſance.*
por amor de mi,	*pour l'amour de moy.*
defpues,	*depuis ou apres.*
a efcondidas de mi,	*ſans mon ſçeu, en cachette.*
en frente, de frente,	*vis a vis, a l'oppofite.*
en derecho,	*tout droit, a l'endroit.*
a la orilla,	*ſelõ le bord ou riue, a l'oree.*
a rayz,	*iouxte, rez a rez, le long, ou de long.*
riberas,	*au riuage.*

Toutes leſquelles demandent la particule de, *comme:* cerca de mi, *proche de moy, ou pres de moy:* antes de- fto, *deuãt ceci:* cerca defte negocio, *touchãt ceſt af- faire:* defta parte de dos años, *ou,* de dos años efta parte, *depuis deux ans en ça :* en derredor del muro, *à l'entour de la muraille*: a la orilla del rio, *au bord de la riuiere*: a rayz de la pared, *le long de la muraille*: en derredor *se trouue aussi sans cas, mais il y est entendu, comme,* estaua todo enderredor cercado de piedra, *il estoit tout à l'entour enuironné de pierre,* Entorno, *sert au datif, comme,* entorno a la capa, *à l'entour de la cape ou manteau,* fuera, *se trouue auec le cas, & sans iceluy, comme:* fuera de la tierra, *hors de la ville,* &, es ydo fuera, *il est allé dehors, mais ce dernier est plustost aduerbe de lieu,* arriua, *se trouue tousiours sans cas, raison pourquoy il ne deuroit pas estre preposition, mais aduerbe.*

I'ay mis au premier rang ceste particule de, *de laquelle ie diray en passant qu'elle est si commune aux Espagnols, qu'elle se trouue deuãt tous les infinitifs apres ces verbes,* deue, tiene, ha, *comme* deue de ser assi. deue dezir verdad, tiene de hazer, ha de llamar, haura de llorar, *& autres infinis.*

Prepositions qui seruent à l'accusatif.

Sobre, acuestas,	*dessus, sur soy.*
ante, contra,	*deuant, contre, & vis à vis.*
aquende, allende,	*de deça, de delà.*
por, para,	*par, pour.*
saluo, excepto,	*sauf, excepté.*
sacando fuera,	*horsmis.*
segun,	*selon suiuant.*
junto,	*aupres, iouxte.*

hasta, *iusques:* sin, *sans:* con, *auec:* en, *en:* entre, *entre ou parmy:* hazia, *vers:* cabe, *aupres:* tras, *derriere.*

Ceste preposition, acuestas, *qui en Italiẽ se dit* adosso, *signifie, sur la persõne en quelque lieu que ce soit, sur*

la teste, sur le dos, sur les espaules, ou ailleurs, Exemple
Si creyera a Celestina, con sus seis dozenas de
años acuestas, &c. *Si i'eusse creu à Celestine, auec six
douzaines d'ans qu'elle a sur la teste. Autre exemple:*
Al passar del rio tome le acuestas y le lleue a la
otra parte, *Au passer de la riuiere, ie le prins sur mes
espaules, ou sur mon dos, & le portay de l'autre costé.*
Item : yo no tengo dineros acuestas, *ie n'ay point
d'argent sur moy.*

Il *se trouue encor vn* acuestas, *en autre signification,
mais il n'est pas preposition, & se doit escrire ainsi distingué* a cuestas, *car il vaut autant que* a costa *, qui
est à dire: aux despens, & se construit auec ces trois pronoms,* mis, tus, sus, *(comme aussi quelquesfois fait l'a*
cuestas *proposition) en les interposant entre l'a*
& cuestas, *comme,* a mis cuestas, a tu cuestas, a
sus cuestas *, à mes despens, à tes despens : mais c'est
mieux dit,* a mi costa *on pourroit vser du mesme, sans
ces pronoms, y ayant vn nom expres, comme :* acuestas
de Pepro N. *aux despens de Pierre N. quant à moy ie
trouue meilleur* a costa de Pedro N.

Ante *&* antes, *sont differens en ce que,* ante, *signifie le* coram *Latin, qui veut dire en presence & deuant
la personne : laquelle signification ne denote aucun temps
ny lieu : &* antes, *vaut autant que l'*ante *Latin, & signifie , auparauant & deuant, denotant le temps & le
lieu, mais estant sans cas, il pert sa nature de preposition, & se fait aduerbe, signifiant en François, ains, &
en Latin,* imò, *ou* potius.

Contra, *signifie aussi quelquesfois, vis à vis, ou
l'opposite, mais c'est mieux dit* en frente *ou* defrente,
qui sont prepositions de l'ablatif, aquende el mar *de
deça la mer,* allende el rio, *de delà la riuiere.*

Por & para, *qui tous deux en Italien signifie* per, *sont bien differens en Latin, Espagnol, & en François, car* por, *vaut autant que les Propositions Latines,* per, pro *&* propter; *&* para, *à la force de* pro, vt *&* ad. *Le premier qui est* por, *signifie la cause efficiente, & aussi la finale : de l'efficiente, comme:* Lo que por mi persona yo no pudiere acabar, y o tentare de hazerlo por otro, *ce que ie ne pourray effectuer par moy-mesme, ie tascheray d'en venir à bout par le moyen d'vn autre: Exemple de la finale:* Por mi se ha hecho quistion, *on a fait vne querelle pour l'amour de moy,* Han venido por mi, *On m'est venu querir. Ceste fa-çon de parler semble aux François assez estrange de di-re,* voy por vino y por agua, *qui signifieroit de mot à mot, ie vay pour du vin & pour de l'eau, mais selon la proprieté du langage, il faut entendre, ie vay querir du vin & de l'eau:* Por amor de Dios, *pour l'amour de Dieu.* Yo muero por ti, *ie meurs pour toy. Il se voit en ces exemples que* por *signifie aussi bien pour, que par, estant ledit, pour, preposition de la cause finale, qui est en Latin* propter: *&* par, *de la cause efficiente, qui en Latin se dit* per. *Il vaut aussi quelquefois en François, à, comme:* aun esta por nascer quien le haga, *celuy qui le fera est encor à naistre:* y esto me quedaua por oyr? *& auois-ie encor à ouyr cela? aun* estar por hazer, *il est encor à faire,* Para *signifie vtili-té ou dommage à la personne, comme:* para quien es esto? *pour qui est cecy?* es para mi, *c'est pour moy,* el daño sera para mi, y el prouecho para ti, *le dom-mage sera pour moy, & le profit pour toy.*

Para que *&* por que, *composez de ces deux &* de que, *sont aduerbes & conionctions, où il est dit de leurs significations.*

L

Ces trois, saluo, excepto, scando fuera, *font exce-*
ptiues: segun, *est propofition & aduerbe, ayant mefme*
fignification en l'vn qu'en l'autre. Exemple: Segun
dize Ariftoteles, *felon que dit Ariftote:* fegun fu pa-
recer, *felon fon aduis:* junto *fe met aufsi deuant le da-*
tif, comme: junto a mi, junto a ti, *aupres de moy, au-*
pres de toy: hafta, *infques,* hafta la cafa, *iufques à la*
maifon, hafta mañana, *iufques à demain. l'ay leu*
quelquesfois, hafta, *ayant la fignification de,* de aqui
ou de alli, *comme* hafta feys dias falio toda la gente de guerra, que fe auia detenido en las guarni-
ciones, *de là à fix iours fortit toute la gendarmerie,*
qui auoit demeuré és garnifons. Voyez l'hiftoire du
Marquis de Pefcaire.

Con, *fignifie,* auec, *& fe compofe auec les pronoms*
mi, ti, fi, *oftant l'n en la compofition du premier, & ad-*
iouftant, go, *à tous trois, dont fe forment,* comigo, có-
tigo, configo, *qui fignifient, auec moy, auec toy, auec*
foy, ou auec luy. Ladite prepofition, con, *ayant* para *de-*
uant foy changé de fignification, & toutes deux enfem-
*ble valent l'*erga *latin, qui veut dire en François, à*
l'endroit, comme? Seamos piadofos para con los
pobres, *foyons pitoyables à l'endroit des pauures: tout*
de mefme fe dira, para comigo, *en mon endroit:* para
contigo, *en ton endroit:* para cófigo, *en fon endroit,*
para con todos es liberal y franco, *il eft liberal à*
l'endroit de tous, ou enuers tous.

Hazia, *qui s'efcrit quelquesfois* hacia, *fignifie vers,*
comme: hazia cafa, *vers la maifon,* hazia, el oriente,
vers l'Orient, mais il le faut prononcer auec accent fur
la premiere, comme s'il eftoit efcrit, házia, *afin de le*
difcerner de, hazia, *premiere & troifiefme perfonne, du*
paffé Imparfait de l'Indicatif du verbe hazer, *qui fe*

profere auec l'accent sur l'i, ce qui est difficile à cognoistre, d'autant qu'ils se trouuent tous deux rarement ac-
centuez es liures Espagnols, & non seulement ces mots
icy, mais generalement le reste, qui est vn grand defaut
en la langue.

Tras, signifie apres, comme : tras los dias viene el
seso, l'entendement vient apres les iours : Tras su def-
seo camina cada vno, apres son desir vn chacun chemine. Il me souuient auoir leu tras la llaue, pour dire
enfermé sous la clef, mais c'est vne proprieté de langage : Cabe, aupres; sientese v. m. cabe mi, asseiez vous
aupres de moy : quelques-vns disent assisez vous : d'autres assiez vous : mais cecy soit dit seulement pour les
estrangers.

des Conionctions

Des Conionctions, aucunes y en a qui lient les paroles & la signification d'icelles, & s'appellent Copulati-
ues : d'autres sont Disionctiues separant le sens, & con-
ioignant seulement les dictions : d'autres aussi s'appellent Causales ou conditionnelles, monstrant les causes
des choses ; encor d'autres Rationelles ou concluantes,
qu'aucuns nomment Collectiues ou inferentes : & en fin
des Aduersatiues, par lesquelles se demonstre ce que
nous disons ne pouuoir nuire ny empescher. Les Latins
en mettent encor d'autres, qu'ils appellēt Ordinatiues,
& aussi des Complectiues, ne seruant ces dernieres que
pour ornement, car elles n'augmentent ny ne diminuēt
en rien le discours.

Les Copulatiues sont.

Y & tambien, aussi : aun encores; aun a trois
significations, à sçauoir; encor, aussi, & mesmes, & se

composent souuent, tambien & aun auec la premier
y, pour plu- grande affirmation, comme, yo hize esto
y tambien estotro, *ie feis cecy, & aussi cela* yo t
dare esto, y aun mas, *ie te donneray cecy, & enco*
plus.

Il est icy à noter que pour la conionction y, il se trou
ue souuentesfois la lettre e, qui vaut autant, & ce prin
cipalement deuant les dictions qui se commencent pa
vn autre y, qui est pour euiter le mauuais son de l
rencontre des deux y : comme Antonio e Yñigo
Catalina e Ysabel: Frances e Ytaliano.

Ie trouue vne certaine difference entre tambien &
aun, qui pourra sembler à quelques-vns bien curieuse
mais elle est subtile, c'est que tambien regarde l'agen
ou efficient : & aun se refere au patient ou materiel
mais cecy sera seulement pour les studieux, sans en don
ner autrement d'exemples.

Les Disionctiues seront.

Ni, o,	*Ni, ou.*
ni el vno, ni el otro,	*ny l'vn, ny l'autre.*
o esto, o essotro,	*ou cecy, ou cela.*

Les causales ou conditionnelles sont celles
qui suiuent.

Si,	*Si.*
aunque,	*encor que, bien que.*
dado que, puesto que,	*iaçait que, posé que.*
puesto caso que,	*posé le cas que.*
pues que, *puis que,* paraque, *afin que,* como si, *com* *me si.*	
porque, cierto,	*pour ce que, certainement.*
mas, mas si.	*mais, mais si.*

pero, antes,	*mais, ains.*
si que, *ou* se que,	*on sçait bien que.*
despues que, y a que.	*puis que, veu que.*
por lo qual, porende;	*parquoy, partant,*
por la qual cosa,	*pour laquelle chose.*
con tal que,	*pourueu que.*
con condicion que,	*auec condition que, à la charge que.*
empéro,	*toutes fois.*
todauia,	*toutesfois, neantmoins,*
a los menos, si quiera,	*au moins, à tout le moins.*
de otra manera,	*autrement,*

Entre ces Conditionnelles se comprennent les Ad-
uersatiues, qui sont.

Aunque, dado que, puesto que, puesto caso
que, *qui toutes signifient vne mesme chose, & aussi cel-*
les qui leur correspondent, comme: empéro, todauia :
ces autres trois, mas, peró, antas, *sont pareillement*
Aduersatiues ou Exceptiues. Si, est proprement condi-
tionnelle n'estant affirmatiue. Como *s'vse souuent*
auec le si, *en céte maniere:* Como si fuera el Rey, an-
si mandaua a los otros, *comme si luy eust esté le Roy,*
ainsi commandoit-il aux autres: como si no tuuies-
se que hazer, *comme s'il n'auoit que faire.* Porque,
est aussi bien Interrogatif que Confirmatif ou Causal,
& signifie autant qu'en Latin, quare *&* quia, *en*
François, pourquoy, & pource.

Con tal que, con condicion que, *&* con tal
condicion que. *veulent dire vne mesme chose, com-*
me : yo hare esso, con tal que vos hagays lo que
os he dicho, *ie feray cela, pourueu que vous faciez ce*
que ie vous ay dit. Con condicion que me espe-
reys yo yrè: *pourueu que vous m'attendiez i'iray.*

Alo menos *&* ſi quiera, *n'ont qu' vne meſine ſi-*
gnification, comme; Pues auemos gaſtado la harina
demos a Dios ſi quiera los ſaluados; *Puis que nous*
auons conſommé la farine, donnons à Dieu à tout le
moins le ſon: *&* dadme alomenos, *donnez moy au*
moins.

Les Rationnelles

Ainſi que, *tellement que,* porque, *parce que.*
por à la verdad, *car à la verité.*
cierto, es a ſaber, *certainement, à ſçauoir.*
conuiene a ſaber, *c'eſt à ſçauoir, il faut ſçauoir.*
luego, pues, *donques.*
por eſſo, por tanto, *pour cela, pourtant.*
Ces deux luego *&* pues, *en ceſte ſignification veu-*
lent tous deux dire, doncques: car luego *en autre ſens*
ſignifie, incontinent: *&* *alors eſt aduerbe du temps.*
Pues *en autre nature vaut autant que, puis, ou puis*
que: *&* *au commencement d' vn periode, ou de quelque*
diſcours que ce ſoit, il ſignifie, or, comme: Eſtaua pues
toda la gente de guerra a punto para pelear ; *or*
eſtoit toute la gendarmerie à poinct pour combattre. Et
n'y a point de danger que pues, *ſoit le premier, ſecond,*
ou troiſieſme mot du periode, pour auoir ceſte ſignifica-
tion, or. Voila tout ce que i'ay peu recueillir des Con-
ionctions, reſte à dire de la derniere partie, qui eſt l'In-
teriection.

Des Interiections.

Interiections *ſont vne eſpece de dictions, qui ex-*
priment vne alteration d'eſprit, ſelon les accidens qui
ſuruiennent à la perſonne, ſignifiantes ioye ou plaiſir,

douleur, crainte, indignation ou admiration, comme:

O bueno, hala hala, hala gala, *oh bon, oh que cela est*
  galand.

ay *ou* hay, ay de mi! *helas! helas moy!*

guay, guay de mi, *ah, helas moy!*

o defdichado de mi, *ah malheureux que ie fuis: â*
  moy miferable.

amargo de mi, *dolent que ie fuis.*

  Hax, hox, *font deux interiections, donc la premiere*
s'vfe quand on fe brufle ou efchaude, en adiouftāt quel-
quesfois d'autres dictions, comme : ax que me que-
ma, *ah que cela me brusle:* ox *fe prennent quand nous ne*
voulons point de quelque chofe, comme : oxe afuera,
qui veut dire: oftez moy cela, deuant, ie n'en feray rien:
& fert auffi pour chaffer les poulles & les oifeaux, en re-
doublāt la parole ox oxe: *on en vfe auffi pour la chaffe*
des connils ou lapins, dont fe forme le nom, oxeo de
aues o de conejos, *& le verbe* oxear aues oxear
conejos, *lequel fignifieroit en François autant que*
effaroucher.

Iefus, vala me Dios, *Iefus. Dieu me foit en aide,*
Dios me libre, *Dieu me veville deliurer.*
Vala me fanta Maria, *fainéte Marie me foit propice*
Valame nuefta Señora, *Noftre Dame me fecoure.*
Valame la madre de Dios, *La mere de Dieu me foit*
  en aide.

  Fin des parties de l'oraifon.

S'Enfuit vn bref recueil & obferuations,
tant de quelques dictions fimples, qui
ont diuerfes fignifications, que de cer-
taines formules de parler propres &
particulieres à la langue Espagnolle.

A Yant dit generalement des parties de l'oraifon,
& à mon aduis, affez fuffifamment donné à entendre les fignifications d'icelles, il m'a femblé n'eftre
mal à propos, d'adioufter à la fin quelques annotations
& remarques d'aucunes difficultez qu'il y peut auoir,
tant és dictions, qu'en certaines phrafes ou manieres de
parler, propres & particuliers en la langue Efpagnolle, qui ne nuiront point à l'intelligence d'icelle. Il faut
donc premierement dire de quelques dictions fimples,
comme de ay aduerbe, & ay verbe, qui fe deuroit efcri-
re hay pour mieux cognoiftre leur difference : mais puis
qu'elle ne confifte à l'efcriture, ains à la prononciation
feulement, il faut fçauoir que l'ay aduerbe fe doit exprimer auec accent graue fur l'y, comme s'il eftoit ainfi
noté, ay, faifant fort fonner ledit y, comme diffyllabe,
& ayant l'a bref, feparé d'iceluy : mais ay ou hay verbe, fe prononcera auec accent aigu fur l'a ou ha, & faifant peu ouyr l'y finale, comme fi ce n'eftoit qu'vn monofyllabe, & deuroit eftre ainfi accentué áy, ou háy : le
premier qui eft aduerbe du lieu, fignifie en François, là :
& l'autre qui defcend du verbe hauer, fignifie, il y a.

   Exemple du premier. Quien efta ay ? qui eft là ? ay
efta mi hermano, mon frere eft là.

Pour le second.

Que áy de nueuo ?	*qu'y a-il de nouueau ?*
que háy que comer ?	*qu'y a-il à manger ?*
no áy nada que dezir.	*il n'y a rien que dire.*
no áy que hazer.	*il n'y a rien à faire.*

Et se coniugue ledit ay *quasi par tous les temps & modes, mais seulement en la troisiesme personne du singulier, estant proprement verbe impersonnel, qui signifie ce que le Latin dit,* habetur, *est, ou* sunt, *se construisant auec le singulier & plurier:côme,*no ay mas de vn hombre *il n'y a pas plus d'vn homme:mais ay de quatro,il y en a plus de quatre . Sa variation est:* Ay,*il y a:*auia,*il y auoit:* vuo,*il y eut:*ha hauido,*il y a eu :* auia hauido,*il y auoit eu :*vrà,*il y aura :* aya, *qu'il y ait :* oxala vuiesse, *pleust à Dieu qu'il y eust:* aunque vuiesse,*encor qu'il y eust:*vuiera, *qu'il y eust eu:* vuiesse y vuiera hauido, *il y eust, ou y auroit eu:* ay, *qu'il y ait:* aya auido, *qu'il y ait eu:*auria, *il y auroit:*quando vuiere, *quand il y aura :* si vuiere, *s'il y a:*vuiere auido, *y aura eu:* haber, *y auoir: & tout de mesme, en la composition d'iceluy, auec l'Infinitif, comme pour le Present & Futur,*ha de auer,*il y doit auoir:* avrà de auer,*il faudra qu'il y ait: Item pour le Passé,* auia de auer,*il y deuoit auoir,& c. en prenant seulement la troisiesme personne de chaque temps auec ledit Infinitif.*

Ceste coniugaison n'est autre chose que la tierce personne de Hauer, *comme il se peut voir; horsmis le present de l'Indicatif,* ay, *qui ne prend pas* ha. *Toutesfois quand on veut denoter vne espece de temps, soit par interrogation ou autrement, il faut vser dudit* ha, *& non pas* ay, *exemple:* Quãto ha que vino el señor? *combien y a il que monsieur est venu ?* dias ha, *il y a plu-*

fieurs iours: là où il faut entendre tiempo: *comme qui diroit,* quanto tiempo ha? *combien y a-il de temps?* dies años ha, *il y a dix ans.*

Il se trouue vn troisiesme ay ou hay, *qui est Interiection de douleur, mais il le faut exprimer auec plus d'aspiration que celuy du verbe, en faisant sonner l'hà fort clairement.*

La particule des *qui est preposition inseparable, se trouue seulement en composition, ne signifiant rien simple, & sert pour monstrer le deffaut, contrarieté, ou priuation de la chose, tout de mesme qu'en François, come:* deshonrra, *deshonneur:* deldicha, *malheur:* desuentura, *infortune:* desaprouecho, *inutile:* deshecho, *deffait:* desarmado, *desarmé:* desatinado, *esceruelé;* desuergonçado, *effronté ou eshonté: & autres de semblable composition, où il se voit que des est priuatif de la chose signifiee par le nom qui luy est adioint. En la langue Françoise toutes les actions de mesme nature n'ont pas ladite particule adiointe, mais nous n'auons que faire de cela.*

Deuant l'r, l's *se perd & se redouble ledit r, comme en* derramar, darretir, derribar, derrocar, *&c.*

Il vient icy à propos de dire, que bien souuent l's *qui se trouue deuant* r, *(soit en vne seule diction, ou bien estant ledit s finale deuant vne autre qui commence par* r,) *souffre le mesme changement quant à la prononciation, & non pas en l'escriture, comme il se void en ces mots* Israël, los Reyes, los rebeldes, las rameras, las rayzes, *& autres semblables, lesquels se doiuent prononcer comme estans escrits,* Irrael, lorreyes, lorrebeldes, larrameras, larrayzes.

Re, *est aussi vne proposition inseparable de mesme nature que* des, *mais bien de contraire signification, car*

elle augmente & redouble la chose, comme, hazer, re-
hazer, faire, refaire: yo la he mirado y aun remira-
do, *ie l'ay contemplée & recontemplée.*

*Il y a de certaines dictions composées qui se peuuent
conter entre les aduerbes, d'autât qu'elles sont indeclinables, & se ioignent à ces verbes,* andar, venir, estar,
poner, *aussi ne gouuernêt aucûs cas, & sont;* en cuerpo, en piernas, en carnes, *qui signifient en François
l'vn:en pourpoint ou sans manteau, & l'autre:iambes
nuës, & la troisiesme estre tout nud,* yo estoy en
cuerpo, *ie suis en pourpoint;* vos estays en piernas,
vous estes iambes nuës; púso se en carnes, *il se des-
poüilla tout nud;* en cuero, *vaut autant que* en carnes.

De la diction Hideputa.

*Les Espagnols ont vne certaine exclamation ou in-
teriection d'admirer, àsçauoir* hideputa, *qui s'vse és
comparaisons pour se mocquer d'vne personne la monstrant n'estre telle qu'elle deuroit, comme:* O hideputa
y que Roldan para hazer fieros? *O quel Rolâd pour
faire des brauades ?* ô hideputa y que Nembroth,
que magno Alexandre? *ô quel Nembroth? quel grâd
Alexandre? cest exemple est pris de la Celestine.* Ô hideputa y que hombre eres, *O quel homme tu es;* hideputa y que consejero nos es venido. *O quel
conseiller nous est venu, & ainsi beaucoup d'autres
exemples de mesme estoffe. Mais quand on dit ceste parole en cholere, & par iniure, elle signifie autant que,*
hijo de puta, *estant abregée par sincope, comme il se
void en ce mot* hidalgo, *qui fait (estant mis au long)*

hijo dalgo, *& ainsi se dit* hide puta *pour* hijo d
puta, *fils de putain. Elle se trouue en composition auec*
ce verbe Imperatif andad, *qui s'accommode fort bie*
aux iniures auec la preposition para , *comme:* andad
para hideputa, *allez fils de putain que vous estes:* andad paravellaco, ruin, perro, Moro Iudio. ladrõ,
hereje , puto , *allez vilain que vous estes, meschant,*
chien, More, Iuifs, larron, heretique, bougre. Ce dernier
est abbominable , & ne deuroit sortir de la bouche des
hommes, pour moy i'aimeroy mieux l'expliquer par ce
mort, paillarde: hideputa ruin, *meschant fils de putain:*
kideruin, *se dit pour* hijo de ruin.

Du *mot* Hidalgo.

I'ay entamé le propos de hidaldo, *qui est comme i'ay*
dit abregé de hijo dalgo, *duquel ie n'ay iamais leu ny*
ouy dire gidalga *fœminin, trop bien* hija dalgo: *le*
premier, qui est hidalgo, *ou* hijo dalgo, *signifie, gen-*
tilhomme, & hija dalgo, *gentifemme: d'iceux est deri-*
ué hidalguia, *qui signifie. noblesse ou gentillesse.*

L'Etimologie de hidalgo *ou* hijo dalgo, *est ample-*
ment deduicte en l'Examen de los ingenios, *là où*
les studieux la pourront voir a leur aise, toutesfois par-
ce que le liure pour sa rareté ne se trouue pas par tout,
i'en diray seulement ce peu en passant, il faut sçauoir
qu'il fait vne comparaison de ce mot algo, *dont la di-*
ction est composee; & de son contraire qui est nada, *le*
premier signifiant en Latin aliquid, *& en François*
quelque chose: l'autre veut dire, nihil, *rien. Or il refere*
ledit nada *au peché, ou vice, qui est à bon droit dit rien*
& par algo, *il entend la vertu: voulant inferer que*
hijo dalgo, *signifie, fils de la vertu, ou des œuures ver-*

tieuses , & n'y auroit gueres d'apparence de dire en
François , *fils* de quelque chofe, pour expliquer ladicte
diction.

I'ay apris vne autre etymologie du mefme mot , &
qui a bien de l'apparance, mais elle eft fort ancienne, en
voicy la raifon qui eft, que hidalgo, feroit compofé de
trois dictions, qui font hijo del Godo , *fils du Goth*,
& ce à caufe que les Goths ,ayás efte les premiers Chre-
ftiens en Efpagne, & par succeffion eftans les vieux
font tenus pour les plus nobles , à la difference des nouueaux conuertis, tellement que par corruption de ces
trois dictions fe feroi nt formé hidalgo, comme qui diroit hijo dal god.

De la diction Merced.

Il fera bon de dire encor touchant cefte parole merced, que les Efpagnols ne la repliquent pas toufiours en
parlant , ou en efcrinant, ains mettent le relatif pour
icelle, comme pour dire, V. m. me haga merced defto, ils diront ainfi; v.m. me la haga defto : tellemét
que l'article la relatif, vaut autant que merced. ils
difent aufsi, la de v.m. recebi, à quoy il faut fous-en-
sendre carta, pour fignifier, i'ay receu voftre lettre, que
nous difons aufsi en François, i'ay reçeu la voftre; & en
fe faluant, à vn qui dira, Befo las manos de v. m.
l'on refpondra , e yo las de v.m. Toutesfois fi deux in-
egaux en qualité fe rencontrent , le moindre ayant dit
au plus grand, Befo las manos de v. m. le grand ne
lui refpondra pas, e yo las de v. m. mais bien dira, fer-
uidor de v. m. au cas toutesfois que l'inegalité ne foit
trop grand entr'eux : car s'il y en auoit beaucoup , alors
il ne f roit bien feant au grand de f tant abbaiffer, trop
bien diroit , felon la qualité de fon inferieur, buena

noche tenga,*ou,*bien venido fea el feñor Fulano,*oubien,*v.m. fea bien venido:*& au contraire, il
ne conuiendra pas au petit de dire à ſon ſuperieur , ſer-*
uidor de v.m. *ou* de v. feñoria, *d'autant que* beſo
las manos, *eſt plus humble,*

　I'ay dit v.m. fea bien venido,*& non pas* venida,
comme quelques-ʒns non encor ʒerſeʒ en la langue di-
ſent, penſans que l'adiectif doiue couenir auec v. merced, *mais ic les aduertis , qu'il le faut touſiours accor-*
der auec le genre de la perſonne, à laquelle l'on eſcrit ou
parle:car ſi c'eſt à ʒn hôme, il le faut dire au genre maſ-
culin:comme V.Md.V.Sa.V.Ex.V. Al. V. Magd.
V.Santd. fea bien venido. *Mais ſi c'eſt à ʒne fem-*
*me,il faudra prendre le feminin, & dire,*bien venida.
Et s'il aduenoit que l'on parlaſt à deux perſonnes de ſe-
xe different, le maſculin l'emporteroit, & diroit-on
Vueſas mercedes fean bien venidos, *& non* ve-
nidas. *Et au cas pareil ſi on ſpecifie les deux genres, ſe*
maſculin aura le deſſus , comme , Fulano tiene vne
eſclauo y vna eſclaua muy buenos.

　On pourroit icy fonder ʒn ſcrupule , touchant ce que
i'ay dit que l'adiectif s'accorde auec le genre de la per-
ſonne , penſant peut-eſtre que vueſtro *&* vueſtra *ſe*
deuſſent comprendre ſous ceſte regle, comme eſtans adie-
ctifs; mais pour en oſter la difficulté, ie dirai que cela ne
ſe doit entendre que de l'adiectif qui ʒient apres ; car
vueſtro,*ou* vueſtra, *conuiendront touſiours à la paro-*
le adioiinte, ſans auoir égard à la perſonne , car on ne di-
*ra pas à ʒn homme,*vueſtro merced, *mais bien* vueſtra merced, *& au plurier, tant aux hommes qu'aux*
femmes, on dira vueſtras mercedes, *ſçauoir à des hô-*
*mes,*vueſtras mercedes ſon buenos, *& à des fem-*
*mes,*vueſtras mercedes ſon buenas.

De ces deux noms Fulano ou Hulano & çutano.

Les Espagnols vsent fort souuent de ces noms Fulano, ou bien Hulano, qui est tout vn, & çutano, pour signifier vne personne sans nom ou supposee, comme qui diroit en François, tel ou telle : à l'imitation des Latins qui se seruent de ces noms Titius & Meuius : Ils ont aussi les fœminins au moins du premier, car ils disent Fulana & Hulana : Exemples, Fulano es hombre de bien : Fulana es hermosa. Et s'ils en veulent signifier deux ensemble, ils disent Fulano y çutano, qui est à dire, tel, & tel, mais il faut noter que ils ne commencent iamais par çutano,

Des comparisons propres à la langue Espagnolle.

Il ne faut pas oublier à dire, qu'en ceste langue il s'vse assez souuent de comparaisons, & en plusieurs manieres, à sçauoir en demonstrant, interrogeant, affirmant & deniant, dont ie mettray vne quantité d'exemples, tirez la plus-part de la Grammaire du sieur Miranda, ausquels i'adiousteray le François.

Et premierement en demonstrant & affirmant, comme :

Es mas blanco que la nieue, *il est plus blanc que neige.*

Es mas negro que la pez, *il est plus noir que poix.*

Es mas pegajoso que leuadura, *il est plus gluant que leuain.*

Es mas amargo que la hiel, *il est plus amer que fiel.*

Es mas dulce que la miel, *il est plus doux que miel.*

Es mas duro que vna piedra, *il est plus dur que vne pierre.*

Es mas brauo que vn leon, *il est plus fier qu'vn lion.*

Es mas manso que vna oueja, *il est plus doux qu'vne brebis.*

Es mas suzio que vn puerco, *il est plus ord & sale qu'vn pourceau.*

Item par forme d'interrogation.

Torna en ti, que haria mas vn falto de juyzio? *Retournes à toy, que feroit d'auantage vn homme priué de iugement.*

Que haria mas vn hombre idiota, vn loco? *Que feroit d'auantage vn idiot, vn fol.*

Que mayor locura puede auer en el mundo? *Quelle plus grande folie y peut-il auoir au monde?*

Que haria mas vn falto de experiēcia y de todo consejo? *Que feroit d'auantage vn qui manque d'experience & de tout conseil?*

Que herias masvno, que vuiesse nacido entre las bestias fieras? *Que feroit d'auantage vn qui seroit né entre les bestes sauuages?*

Que heria mas vn Ciceron? vn Virgilio? vn Aristoteles? *Que feroit d'auantage vn Ciceron, vn Virgile, vn Aristote?*

Que haria mas el mayor letrado del mundo? *Que feroit d'auantage le plus grand lettré du monde?*

De donde mas ser me puede venir en el mundo, que deste vuestro fauor? *D'où me peut venir en ce monde* ce monde plus d'auancement, que de ceste vostre faueur?

De donde mas fama? mas prosperidad? mayor riqueza? D'où plus grande renommee ? plus de prosperité ? plus grande richesse ?

De donde mas bien ? mas salud, mas honrra, mas grauedad, mayor bien auenturança? D'où plus de bien? plus de santé, plus d'honneur, plus de grauité, plus grande felicité?

Hay enel mundo mas desdichado hombre que yo? no por cierto. Ya il au monde vn plus malheureux homme que moy ? non certainement.

Hay mas affligido hombre que yo ? Ya-il vn homme plus affligé que ie suis?

Hay hombre que mas le pese de biuir? no cierto. Ya-il homme à qui plus il ennuie de viure? certes non.

Hay hombre mas dichoso ni mas bien auenturado? cierto no. Ya-il homme plus heureux, ny mieux fortuné? certainement non.

Et ainsi de plusieurs autres sortes de comparaisons qui se peuuent faire en forme d'interrogation.

Il y en a encor vne infinité d'autres belles, comme celles qui s'ensuiuent.

Vengo tan cargado de buenas nueuas, como el abeja viene à la colmena , en tiempo de mucha flor.

Ie vien aussi chargé de bonnes nouuelles, comme l'abeille vient à la ruche au temps qu'il y a beaucoup de fleurs.

Vengo tan contento, como Roldan en ganar su espada.

Ie vient aussi content, que Roland à gaigner son espee.

Huelgo tanto de ver-

Ie suis aussi resiouy de

M

te. como si huuiera dos años que no te huuiera visto.

te voir, comme s'il y auoit deux ans que ie ne t'eusse veu.

Es como vna nieue.

Il est comme la neige.

Es como hecho de perlas.

Il est fait comme de parles.

Es como el perro del hortolano, que no come las verças, ni las dexa comer à los otros.

Il est comme le chien du iardinier, qui ne mange pas les choux, ny ne les laisse manger aux autres.

Es como vnto de mona, que no es bueno para nada.

Il est comme graisse de singe, qui n'est bon à rien qui soit.

Es como gallina, que escaruãdo halla el cuchillo, con que la deguellan.

Il est comme la poulle, qui en grattant trouue le couteau, dequoy on luy couppe la gorge.

Es como el conejo, que huyendo del perro, cayò en el lazo.

Il est comme le connil, qui en fuyant du chien, est tombé au lacet.

Pour signifier choses impossibles & inutiles, on dira.

Es como dar con el puño en el cielo.

C'est comme donner du point contre le ciel.

Es como echar lãças en la mar,

C'est comme ietter des lances en la mer.

Es como dar bozes al desierto,

C'est comme crier au desert.

Es como coger agua en cesto.

C'est comme puiser de l'eau auec vn panier.

Es como andar a caça sin perro.	C'est comme aller à la chasse sans chien.
Es como querer bolar sin alas.	C'est comme vouloir voler sans ailes.

Exemples auec la negatiue.

No holgo tanto Antipatro con las saludes escritas, en la carta del grande Alexãdro, quãto y o me holgue con la tuya: ni tan grata fue al Senado, la solercia del niño papicio, quãto a mi ojos es tu sobrada hermosura y gracia.

Antipater ne fut pas si resiouy, des saluts que luy enuoya Alexandre le Grand en sa lettre, que ie l'ay esté de receuoir la tiéne: ny ne fut si agreable au Senat la subtilité du petit enfant Papirius, comme l'est à mes yeux tõ excessiue beauté & bonne grace.

O que gran merced por cierto la que hizo el grande Alexandro al Atheniése Phocion: ni la que hizo Caton a los ciudadanos de Vtica, no se ygualan con harta parte, à la que tu me has hecho.

O quelle grand faueur! pour certain celle que feis Alexãdre le Grãd à Phocion l'Athenien: ny celle que fit Caton aux Citoyens d'Vrique, ne font de beaucoup à comparer, à celle que tu m'as faite.

I'en pourroy mettre icy beaucoup d'autres, mais pour autant qu'elles ne sont trop pour la Grammaire, estant plustost parties de Rhetorique, ie les laisseray pour retourner aux particularitez des dictions.

De Acabar.

Acabar, signifie proprement, acheuer, finir, & ye...

nir à bout d'vne chose. N o puedo acabar comigo, *Ie ne peux gaigner sur moy. Les Espagnols vsent de* acaber, *pour faire cesser ou arrester la personne qui fait quelque chose dont ils s'offencent, comme,* acabe v. m. por su vida: *& en redoublant,* ea por amor de Dios acabe, *laissez cela ie vous prie, hé pour l'amour de Dieu laissez cela:* acabe no me diga mas, *laissez cela, ne me dites rien plus.* A caba que eres necio, *hé laisse cela, que tu es sot; mais il le faut prononcer auec desdain pour luy donner grace: voyez les aduerbes d'admonester.*

Du Verbe Alcançar.

Ce verbe alcançar, *outre plusieurs significations qu'il a, comme,* acquerir, obtenir ou impetrer, paruenir, atteindre, *il en a encore vne autre assez differente, qui est:* alcançar en la cuenta, *rabattre du conte, rendre reliquataire,* alcançado de cuenta, *qui est en reste, qui demeure debiteur, reliquataire. Il signifie aussi bien poursuiure, qu'atteindre, comme :* alcançar lo que huye, *attaindre ce qui s'ensuit: &,* alcançar los enemigos, *poursuiure les ennemis :* yua en alcance de los enemigos, *il alloit à la poursuitte des ennemis.*

Du Verbe Alçar.

Alçar, *signifie proprement & simplement hausser, esleuer, mais en composition il a d'autres differentes significations, comme il se void par ces exemples:* alçarse con el Reyno, *se reuolter & faire reuolter le royaume quant & quant : cela s'entend d'vn gouuerneur de Prouince: & se peut dire de mesme de tout gouuernement. Item,* alçarse à su mano, *se desdire d'vne pro-*

meſſe qu'on auroit faite, & la renoquer: alçarſe con
toda ſu hazienda, *c'eſt à dire, s'eſleuer auec tout ſon
moyen, & s'en aller d'vn pays en autre: proprement, faire banqueronte:* alçar el deſtierro, *renoquer le banniſ-
ſement, r'appeller.*

Du verbe Allegar.

Allegar, *veut dire, aſſembler, amaſſer, s'approcher,
arriuer, condeſcendre, conſentir, & venir:* allegarſe
mucha gente, *s'aſſembler beaucoup de gens:* allegar
muchos dineros, *amaſſer beaucoup d'argent:* allegarſe al fuego, *s'approcher du feu:* allegar o arribar
al puerto, *arriuer au port:* ellegarſe à la razon, *venir à la raiſon, y conſentir & condeſcendre.*

Du verbe Andar.

De Andar, *voyez à la fin de la coniugaiſon d'iceluy
& du verbe* yr, *où il eſt dit de l'vn & de l'autre, toutesfois nous dirons encor quelque choſe cy deſſous de*
yr.

Armar.

Armar, *ſignifie, armer, bander, tendre & dreſſer,
comme:* armar vna celada, *dreſſer vne embuſche,* armar vn lazo, *tendre vn lacqs,* armar çancadilla,
*bailler le crocq en iambe, faire ou donner la iambette
pour faire tomber en luictant:* armar vna balleſta,
bander vne arbaleſte, armar vna cama, *dreſſer vn
lict;* el armazon de la cama, *la couche ou chalit.*

Aperrochada.

Aperrochada, *qui deriue de* parrochia, *ſembleroit*

signifier autant que, parrochiana, *parroiſſienne: mais ie l'ay leu en la Celeſtine, où il a la propre ſignification de*, achalandee.

Ayuſo & Abaxo.

Ayuſo, *eſt autant à dire que*, deſpues *apres*, & *au deſſous*, *comme* de Dios en ayuſo yo le hize hombre, *ie l'ay fait homme apres Dieu*. Abaxo, *ſemble auoir la meſme ſignification*, *comme*: del Rey Abayo, *apres le Roy*: manda me poner las manos, del Rey abaxo, que yo lo hare por tu ſeruicio, *commande moy que i'attaque qui que ce ſoit*, *apres le Roy*, *que ie le feray pour ton ſeruice*.

De Boluer.

Boluer, *ſignifie*, *tourner*, *retourner*, *ou reuenir*, *de venir*, *vendre. Exemples de toutes ces ſignifications*. Al enemigo que buelue la eſpalda, la puente de plata, *à l'ennemi qui tourne le dos*, *il luy faut faire vn pont d'argent*. No huye el que buelue à ſu caſa, *celui ne fuit pas qui retourne en ſa maiſon*. El ſe ha buelto loco por amores, *il eſt deuenu fol d'amour*. Buelue me mi dinero, *rends moy mon argent*.

Mais outre toutes ces ſignifications, *il en a vne bien differente*, *comme il ſe peut voir en ces exemples*, boluer por alguno, *prandre la deffence de quelqu'vn:* boluer por los ſuyos, *faire pour les ſiens*, *prendre le parti & la cauſe des ſiens en main.* Tornar, *ſignifie la meſme choſe en ce ſens*, *comme* : O mi Señor y mi Dios, ſi no tornas por mi. *o monſeigneur & mon Dieu, ſi tu ne prens ma cauſe en main.*

A bueltas

A bueltas, *qui sembleroit descendre de* boluer, *parce qu'on dit* buelto, *&* buelta, *est neantmoins bien different, car il a nature de proposition, & signifie, auec, quant & quant, & par mesme moyen exemple.* A bueltas de otras cosas, diole vna cadena de mucho valor, *auec autres choses, il luy donna vne chaine de grand valeur:* a bueltas del castigo, muestrales amor, *auec le chastiement, monstre leur amitié.*

Cabo.

Cabo, *s'vse en diuerses façons, comme:* acabo de tres dias, *au bout de trois iours:* al cabo estoy no me digas mas, *i'y suis, i'enten, ne m'en dis pas danantage:* en mi cabo, *de mon costé:* hermosa por el cabo, *extremement belle:* tomas la cosa muy por el cabo, *prendre la chose fort à l'estroit, à toute extremité.*

Cargo.

Cargo, *signifie, poids & charge, & se prend aussi pour obligation, comme:* ser en cargo, *estre obligé, il se peut aussi entendre pour la conscience ou foy, en affirmant quelque chose, comme:* a mi cargo, *en ma conscience, sur ma foy.*

Du verbe Caer.

Caer, *outre, qu'il signifie proprement cheoir ou tomber, se trouue encor en autres diuerses significations, desquelles il faut donner des exemples, comme:* caer en

alguna cola, *se reſſouuenir de quelque choſe,* caer en
la cuenta, *ſe reſſouuenir du conte & del'hiſtoire:* aun
no caygo en v.m. quien es, *ie ne me puis remettre
qui vous eſtes. Il ſignifie auſſi entendre & comprendre
vne choſe, comme:* Entiende v.m. eſto que he dicho; aun no cayò en ello; *Entendez vous ce que i'ay
dit? ne le comprenez vous pas encores?* No he aun
caydo en ello; *Ie ne l'entens pas encor bien, ie ne l'ay
pas bien compris,* caer en el raſtro, *trouuer & prendre
à la trace, deſcouurir la piſte,* de cayda vamos, *nous
ſommes ruynez, comme qui diroit, nous ſommes preſt à
tomber en ruyne, nous allons tomber en ruyne.*

Du verbe Dar.

Ce verbe dar, *n'a aucune difficulté à le prendre ſimplement, mais il ſe trouue en certaines formules de parler, où il y en peut auoir, comme:* dar en cara, *qui ſignifie, reprocher, ietter au nez,* dar depunta en blanco,
donner ou frapper au but, directement: dar con la
çarga en tierra, *ietter ſa charge par terre:* dar conſi-
go en algun lugar, *ſe rendre en quelque lieu,* Lazar,
de Tor. Antes que la noche vinieſſe di comigo
en Torrijos. *Deuant que la nuict vinſt, ie me rendis à*
Torrijos. dar el para bien, *feliciter. I'ay leu* dar, *en
la ſignification de* hazer, *comme en ceſte exemple de*
Cel: el diablo me da penar por el, &c. *Le diable me
fait pener pour luy, &c.* darſe maña, *vſer d'addreſſe.*
dio ſe tan buena maña, *il vſa d'vne telle adreſſe ou
dexterité.* Eſcuchad que hora da el relox, *eſcou-
tez quelle heure frappe l'horloge.*

Du verbe Dexar.

Le verbe dexar, *compoſé auec le pronom reciproque,*

et la particule de, *signifie, se deporter, comme:* dexate deſſo, *deporte toy de cela,* dexemonos deſſo, *deportons nous de cela, laiſſons cela. Sa propre ſignification eſt, laiſſer.*

De la particule de.

Ceſte particule de, *se trouue quelquesfois auoir la ſignification de,* par, *en François, comme en ces exemples:* tirar de la capa, *tirer par la cape ou manteau:* lleuar del ſobaco, *mener par deſſous le bras:* aſir de los braços, *ſaiſir et prendre par les bras.* Celeſt. toma deſſos pies a nueſtro amo: *prens noſtre maiſtre par ces pieds:* tirar del braço, *tirer par le bras.*

Du verbe Echar.

Echar, *ſignifie, ietter, reietter, chaſſer, pouſſer, mettre, impoſer, faire, se coucher, verſer,* Echar por tierra, *ietter par terre:* echar a tras, *reietter en arriere:* echar de fuera *chaſſer hors:* echar mano al eſpada, *mettre la main à l'eſpee:* echar en ſaco roto, *, mettre en vn ſac rompu, que nous diſons en François, mettre en vn panier parcé:* echar tributo, *impoſer tribus:* echar vando, *faire et publier vn edict:* echarſe en la cama, *se coucher:* echar agua, *verſer de l'eau:* echar a mal *et* echar à perder, *mettre à perdition, diſſiper.* J'ay *trouué en* Monte-mayor, echar menos, *qui ſignifie autant que, auoir faute. Voyez à la fin du troiſieſme liure de la* Diane. Y porque ya eran mas, de tres horas de la noche, aunque la Lune era tan clara, que no echauã menos el dia, cenaron de lo que en ſus çurrones los paſtores trahian. *Et pour-ce qu'il eſtoit deſia plus de trois heures de la nuict, encor* *que la Lune fuſt ſi claire, qu'ils n'auoient poinƈt faute d'u iour, ils ſouperent de ce que les bergers auoient apporté en leurs panetieres.*

Item.

Ya los muertos me echan menos.
Y entre los viuos no eſto.

Des morts au nombre ne ſuis plus.
Et des viuans ie ſuis eſclus.

Il a encor' vne ſignification differente de toutes les autres en ceſte phraſe : Echar de ver, *qui veut dire, s'apperceuoir.*

Du verbe Eſtar.

Il ſe pourroit icy mettre beaucoup d'exemples du verbe eſtar, qui auroient quelques diuerſitez, mais d'autant qu'ils ſe peuuent expliquer quaſi tous par le verbe, eſtre, qui eſt ſa propre ſignification, ie n'en mettray que quelques-vns, comme : eſtà mal comigo, y yo no eſtoy muy bien con el, *qui veut dire en François briefuement, nous ne ſommes pas bien enſemble.* Quien eſtà mal con Dios, no puede hazer coſa buena, *qui n'eſt pas en la grace de Dieu, ne peut rié faire de bon :* No eſta en ſu ſeſo, *il n'eſt pas en ceruelle, il ne ſçait ce qu'il fait.* En mi ſeſo eſtoy, *ie ſçay bien ce que ie dis, ie ne m'abuſe pas.* Eſtoy en ello, *i'enten, ie comprens bien cela :* i'y ſuis : eſtar ſobre auiſo, *prendre garde à ſoy.*

Du verbe Hazer.

Hazer, *qui veut dire ſimplement faire, ſignifie auſſi,*

contrefaire, *& faire semblant, comme :* haze del bouo, *il fait, ou contrefait le sot,* haze del loco, *il fait le
fol:* haz que no lo oyes, *fais semblant que tu ne l'ois
pas :* hazerse de nucuas, *faire semblant de ne sçauoir
rien d'vne chose, comme si elle estoit nouuelle, faire le
nouueau & l'incogneu. Il s'vse aussi comme en François
és qualitez du temps, à sçauoir,* haze frio , *il fait froid,*
haze calor, *il fait chaud:* haze viento, *il fait vent:*
haze lodo, *il fait boueux ou fangeux, on dit à Paris, il
fait crotté:* haze claro, ñublado, *il fait clair, il fait
sombre, ou le temps est couuert:* niebla, *brouillar :* haze Sol, Luna, *il fait Soleil, clair de Lune,* haze vna
famosa Luna, *il fait beau clair de Lune:* haze sereno, *il fait serain:* haze bueno, *il fait bon temps.*

Sereno, *s'entend du serain qu'il fait au soir, & non
pas du temps clair & beau, comme il se peut voir en cest
exemple:* guardaos del sereno , que es malo para
la cabeça, *gardez vous du serain , car il fait mal à la
teste.*

Hazer mal a los cauallos , *piquer & exercer ou
trauailler les cheuaux, comme font les escuyers.* Hazer
rostro, *faire teste:* rostro, *signifie visage; & deuroit,*
hazer rostro, *aussi signifier : faire visage : mais en la
proprieté de la langue, il vaut autant qu'en François :
faire teste ou monstrer les dents:* Hazer de vn tiro
dos cuchilladas, *frapper deux coups d'vne pierre.*

I'ay trouué en la Grammaire du sieur Miranda: no
hará carrera a vn ciego, *pour dire , il ne monstrera
pas le chemin à vn aueugle.*

Hauer.

Du verbe, hauer , *il ne me souuient pas auoir trouué*

de grandes difficultez, seulemēt en passant t'ay remarqué con quien lo has? pour signifier, à qui en as-tu?
à qui en veux-tu? voyez sa coniugaison, & aussi le
commencement de ce cercueil.

Hallar.

De ce verbe Hallar, le sieur Miranda en met quelques exemples , qui ne monstrent point de difference
quant à sa signification, mais bien seruent pour as-
seurer la chose d'auantage, comme: hallado lo haueis
el comedor, hallado lo haueis el beuedor, hallado lo haueis el jugador: qui signifient, vous l'auez
certainement trouué le gourmand, l'yurongne, ie ioüeur.
l'ay leu en la Celest. no me hallo de plazer y ale-
gria, qui s'entend en François: ie suis tout transporté de
plaisir & de ioye. Darse por hallado, se descouurir,
ou declarer, Bolued presto Señor, que y a sin vos
no me hallo, reuenez bien tost Seigneur, car sans vous
ie ne sçay où ie suis.

Du verbe Yr.

Outre ce qui s'est dit du verbe Yr, à la fin de sa coniugaison, i'ay remarqué quelques formules de parler,
esquelles il s'vse; qui sont aucunement difficiles, comme: yr à la malo, empescher, quasi qui diroit, aller au
deuant de la main d'vn qui veut mal faire, & l'empescher de passer outre, yr en çaga, aller apres, estre second: no le yua en çaga, ne luy estoit pas second, ne
luy cedoit en rien: yr de golpe, ou yr de tropel, aller à la foule, ou aller en troupe.

l'ay leu va & van, pour es & son, comme: esta o-

brezilla va dirigida a N. *ceste perite œuure est ad-*
dreßée à N. estas historias van disfraçadas debaxo
de otros nombres, *ces histoires font desguisées sous*
des autres noms,

De Lleuar.

Ce verbe lleuar, *est côme correlatif opposé de* traer,
d'autant qu'il signifie, emmener & emporter, *&*
traer, *veut dire,* amener & apporter, *mais tous deux*
signifient simplement, mener & porter, *& se prennent*
souuent l'vn pour l'autre, en quelques Prouinces d'Es-
pagne, mais non pas en Castille, estans les autres signi-
fications composées; mais outre icelles ils se trouuent
en certaines façons de parler qui en sont bien differen-
tes, comme en ces exemples qui suiuent: buen camino
lleua el negocio, *l'affaire est en bon chemin, l'affaire*
s'achemine bien: le lleuan la pena, *luy font payer l'a-*
mende, lleuaron me medio escudo por la hechu-
ra, *on m'a fait payer demy escu pour la façon,* la cosa
no lleua remedio, *il n'y a plus de remede à cela:* el
me lleua tres años, *il me passe de trois ans, c'est à di-*
re, il est trois ans plus aagé que moy.

De Nadie & ninguno.

On se pourroit tromper en la signification de ces deux
dictions nadie & ninguno, *d'autant que toutes deux*
se peuuent dire en François, pour nul, *mais il y a de la*
difference, en ce que nadie *s'etend seulement des per-*
sonnes, & ne se ioint iamais au substantif, signifiant
proprement ce mot, personne, *que nous disons auec la*
negatiue, ou sans icelle, comme pour exemple: yo no

hago mal a nadie, *ie ne fay mal a perfonne.* Quien eſtá ay? *qui eſt là?* nadie, *perfonne, ou bien,* no ay na-die, *il n'y a perfonne.* Et Ninguno, *ſe dit en toutes choſes eſtant adiectif, & changeant au fœminin l'o en* a, *comme:* Obra de vno, obra de ninguno, *œuure d'vn ſeul, œuure de nul. Il perd ſon o quand il eſt ioint au ſubſtantif, comme:* ningun hombre, *nul homme:* ninguna *eſt le fœminin qui ne s'abrege point.*

Du verbe Parar.

Parar *veut dire proprement arreſter, mais on en vſe encor diuerſement, comme:* parar mientes, *prendre garde, ſe reſſouuenir:* Tu que mientes, lo que dizes para mientes. *Toy qui ments, prens garde à ce que tu dis:* en que parò el negocio? *qu'en aduint-il?* mira y veras que tal pararan, *regarde, & tu verras en quel poinct mettront, comment equiperont:* dexa me entre manos a aquel aſnejonazo, y veras qual te lo paro, *laiſſe moy cet aſnier entre les mains, & tu ver-ras comme ie l'accouſtreray. Il ſignifie auſſi, deuenir & reüſſir, comme;* parò ſe bueno, *il deuint bon, où il re-üſſit bien:* cauallo de buena para, *vn cheual de bon arreſt.* Parada, *ſignifie auſſi le lieu où ſe tient vn qui attend la beſte, qu'elle vienne ſe prendre aux toilles ou filets, que nous pouuons dire en François, aguet.*

Paſſar.

Il n'y a point de difficulté en ce verbe, quant à ſa pro-pre ſignification, ſeulement i'ay remarqué que les Eſ-pagnols en vſent en certaines phraſes qu'ils ont, comme: Paſſar por la imaginacion, *ou* por el penſamiento, *penfer ou s'aduifer:* nunca tal cofa me paffó por la imaginacion, *iamais ie ne penfay à telle chofe.* Ils difent Paffar de claro en claro, *pour fignifier, de part en part. J'ay leu en Montemayor,* paffo folia, *qui eft vne façon de dire, quand on fe refouuient de ce qui a efté, & n'eft plus, comme du bon temps qu'on a veu, des plaifirs & esbats de la ieuneffe paffee.* Ils vfent de *cefte façon de parler,* paffer la mano por el cerro, *pour dire flatter & careffer, comme on fait vn cheual farouche pour l'amadoüer, en luy paffant la main par deffus le dos,* cerro, *c'eft le dos de l'animal.*

Pedir.

Ie n'ay rien remarqué de difficile en ce verbe, finon en cefte maniere de parler perdir celos, *qui fignifieroit de mot à mot, demander des ialoufies; mais il n'y a point d'apparence, ains veut dire autant que, donner à entendre à vn que l'on aime, qu'on eft ialoux de luy. Voyez Montemayor.* Y quantas vezes llorando, ay lagrimas engañofas, pedia celos de cofas, de que yo eftaua burlando. *Et combien de fois en pleurant, ô larmes trompeufes, elle m'alleguoit des occafions de ialoufie, de chofes dont ie me mocquois.*

Ie n'ay pas voulu paffer fans dire la difference qu'il y a entre pedir *&* preguntar, *d'autant qu'en François tous deux fignifient demander. Il faut fçauoir que* pedir *eft demander pour auoir, &* preguntar, *veut dire demander pour fçauoir, ou interroger. Ceux qui entendent le Latin, n'ont que faire de cefte explication; car ils peuuent incontinent iuger que* pedir, *fignifie* petere, *&* preguntar, percunctari, *qui eft autant à dire que* interrogare.

Du verbe Picarse.

Picarse, *se prend par les Espagnols en vne signif.* *cation bien differente de celle que denote le verbe* Pi-car *simple: car il veut dire proprement, faire profession ou estat de quelque chose: comme,* picase de valiente, *il fait profession de vaillant:* picase de galano, picase de musico, picase de letrado, picase de cortesa-no, *& autres semblables. Et tout de mesme se dit auec le verbe* preciarse, *comme,* preciase de valiente, de musico, &c. *Ils disent aussi quelquesfois,* tiene pun-tas, *comme,* tiene puntas de letrado: *il fait estat d'e-stre sçauant homme.*

Quebrar.

Quebrar el enojo, *descharger sa cholere,* quebrar *signifie proprement rompre.* Quebrar el ojo al dia-blo, *faire ripaille:* quebrar vn ojo, *creuer vn œil.*

De recaudar & recaudo.

Recaudar *à la mesme signification que* cobrar, *qui veut dire recouurer: comme,* recaudar rentas *re-couurer & receuoir les reuenus.* Celest. no hize sino llegar y recaudar, *ie n'ay fait qu'arriuer, & recou-urer tout aussi tost ce que ie demandois.* Recaudo, *que la plus-part des Espagnols prononcent* recado, *s'estend bien plus que son verbe en diuersité de signifi-cations, car tantost il signifie ce que l'Italien dit* reca-pito, *qui veut dire, addresse, quelquefois il se prend*
pour

pour prouision, comme : à buen recaudo vengo, *ie
ne viens pas despourueu. Item,* poner recaudo, *mettre soing. Il signifie aussi tout message, & present qui
s'enuoye de part & d'autre, & en general quand ils
veulent signifier tacitement, tout ce qu'on met en œuure, & dont on a besoin, ils vsent de ce mot* recado,
*qui vaut autant que si on disoit en François, dequoy :
comme si pour escrire, on demandoit du papier & de
l'encre, ce seroit bien dit,* da me recado para escreuir, *donne moy dequoy escrire, & en demandant à desieuner, on diroit proprement,* dad nos recado para
almorzar, *donnez nous dequoy desieuner.*

Reboluer.

Reboluer *composé de* boluer, *signifie troubler,
remuer, & bouliersser, d'où vient* rebuelta, *reuolte :*
Rebuelta, *participe se dit d'vne femme qui se vient
de lener, qui est toute deschruelee, & qui n'est pas encor habillee. On dit aussi* reboluerse con vna muger, *se mesler auec vne femme, id est, mesler ses co-
quilles ensemble.*

Sacar.

Sacar, *signifie tirer, mais i'ay leu vn prouerbe où il
s'explique en François creuer, qui est :* Cria coruo y
sacar te ha el ojo, *nourris vn corbeau, & il te creue-
ra l'œil. Toutesfois cela ne change point la signification,
ains est vne proprieté de l'vne & l'autre lague, & ne
seroit pas bien dit,* rebentar los ojos, *pour* sacar los
ojos, *encor que* rebentar *signifie proprement, creuer, nous dirons aussi bien en François, tirer ou arra-
cher, que creuer.*

N

De Ser.

Les Espagnols vsent diuersement de ce verbe ser,
& quelquesfois assez differemment de ce qu'il signifie
en François, comme: Que todo ha de ser jugar ? E
bien quoy? ne fera-on autre chose que iouër ? Todo ha
de ser passear? se promenera-on tousiours? Se que ne
ha de ser todo, andarse à la flor del berro, on sçait
bien qu'il ne faut pas, que tout s'en aille à cueillir la
fleur du cresson: c'est vne façon de parler qui se dit à
gens oisieux, & qui ne veulent rien faire. Si Dios fuere seruido, s'il plaist à Dieu: Si v. m. fuere seruido, s'il vous plaist, comme qui diroit: si Dieu y est
seruy, ou s'il s'en contente: & si vous vous contentez:
En sa propre signification on dit: Es vn perdido, vn
necio, vn vellaco, vn bouo, vn haragan, es vn
fullero, c'est vn desbauché, vn sot, vn meschant, un
lourdaut, vn faineant, vn pipeur, pour descrire vn larron, ils disent: Es vn gato, Es de tierra de Asia, tiene vñas, c'est vn chat, il est du pays d'Asie, il a des
griffes, ou des ongles: Sur ce mot de Asia, l'allusion est
belle, car asir signifie saisir & empoigner. Pour de-
peindre vn fin homme, ils vsent de ces façons de parler: Es vn mono, c'est vn singe. Es vn zor-
ro, c'est vn fin renard: es vn biuidor, que nous pouuons expliquer en nostre langue, c'est vn matois, vn bon
rompu: es vn perro viejo, c'est vn vieil chien: nous
n'vsons pas de ce dernier en François, & à ce propos
pour signifier vn homme fin, le sieur Miranda adiouste ces formules qui s'ensuiuent: Bien sabe quantas
son cinco; llega os a el que se le cae la capa ; no
le echareis dado falso; ni que bouo es el moço.

pues ten le el pie al herrar; metelde el dedo en
la boca, *qui sont toutes façõs de parler propres aux Es-*
pagnols, lesquelles se rapportent en François à celles-
cy. Il sçait bien que c'est de viure, il n'est point sot, il ne
se laissera pas affiner, il sçait mieux que son pain man-
ger, il est bien dessalé, & autres semblables. On se aus-
si de ce verbe es comparaisons sans l'adiectif, comme,
Es vn Cesar, es vna gallina, es como vn oro, es
como vna cera, es como vna nieue, es como
vna pez. *C'est vn Cesar, c'est vne poulle, il est beau*
comme l'or, il est iaulne comme cire, il est blanc comme
neige, il est noir comme poix. Esso es miel y mante-
ca y pan pintado. *Cela est miel & beurre, & pain*
peinturé, pour dire, voila qui est doux comme miel, c'est
tout sucre, pan pintado, *ce sont petits pains ou ga-*
steaux dorez par dessus, cõme les pastissiers en font. Ser
parte, *estre bastant;* Esso no fue parte paraque yo
lo hiziesse, *cela ne fut pas suffisant pour me le faire*
faire; yo no soy parte para ello, *ie ne suis pas suf-*
fisant pour cela.

Du verbe Traer.

Traer, *qui est, comme i'ay desia dit, quasi opposé de*
lleuar, *outre qu'il signifie, apporter & amener, se préd*
quelquesfois pour traicter, practiquer, & mettre en v-
sage, comme, traer entre manos, *practiquer, mettre*
en œuure. Celest là où Centurio *parle des diuerses ma-*
nieres de tuer, il dit, Las que mas vso y traygo en-
tré manos, son espaldarazos sin sangre, *celles dont*
i'vse, & que ie practique le plus, sont de grands coups de
plat d'espee sur les espaules sans faire sang: traer en lé-
guas, *dire de l'vn à l'autre,* mira no seas traydo en

lenguas, *regarde que tu ne sois la fable du peuple,*
qu'on ne face ses contes de toy.

De Tomar.

Tomar tino ó tiento, *asseoir iugement,* tomar la
boz à alguno, *signifie, ouyr nouuelle de son ennemy,*
comme; tomole la boz que el Emperador estaua
muy cerca con su exercito, *il eut nouuelle que*
l'Empereur estoit fort proche auec son armee. Cõ. porque a donde me tomáre la boz, me halle aper-
cebida, *afin que là où i'auray nouuelle de mon enne-*
my, ie me trouue en poinct pour combattre. Esta cosa
es de tomo, *ceste chose est d'importance,* tomar, *si-*
gnifie simplement, prendre.

Vatar, & voto.

Votar, *signifie opiner, donner sa voix,* & voto,
est ladite voix ou opinion en ceste signification. Votar
veut aussi dire vouër, ou faire vn voeu & promesse à
Dieu, & voto *nom, sera iceluy voeu Les Espagnols*
vsent de ceste derniere signification en leurs iuremens,
comme, voto à Dios, *ie promets à Dieu,* ils disent aussi, juro à Dios, *ceux qui sont tant d'impieté disent,*
voto à diez, *qui s'entendra à diez diablos, mais c'est*
assez monstré à iurer.

Des accens qui se doiuent faire en la prononciation Espagnolle.

Estant vn commun defaut en toutes les langues

vulgaires, de ne mettre en leurs escritures point d'ac-
cent, ou à tout le moins fort peu, sur les syllabes qui se
doiuent esleuer ou abbaisser en les prononçant, il sera
fort difficile d'en pouuoir donner vne cognoissance cer-
taine, principalement pour ceste cy, ou il s'en met encor
moins qu'és autres de nos voisines, toutesfois il ne faut
pas laisser d'en dire ce que i'en ay peu trouuer, tant en
la Grammaire du sieur Miranda, que par autres obser-
uations & diligence que i'ay faicte en l'estude & pra-
ctique de ceste langue.

Pour en dire doncques ce qui se pourra en vn si petit
traitté, il faut faire vne diuision, des dictions qui se
terminent en vocales & consonantes, ce qui s'est desia
en partie monstré au commencement de ceste Gram-
maire.

Or il faut sçauoir que si la diction se termine en con-
sonante, qui ne peut estre qu'en vne de ces six, d, l, n, r,
x, z, (ausquelles se pourra adiouster l's, quand elle se
trouue au singulier) & qu'elle soit d'vne seule syllabe,
il n'est besoin d'en donner aucune reigle, pource que l'ac-
cent ne peut estre que sur icelle. Mais si elle est composee
de plusieurs syllabes, l'accent (qui est tousiours graue és
finales) se fera sur la derniere: exemples de ceux qui fi-
nissent en d, *lealtàd, humanidàd, ciudàd: mercèd,*
parèd: Valladolìd, madrìd: *virtùd, senectud: aus-*
quelles se peut adioindre la seconde personne du pluriel
de l'Imperatif de toutes les coniugaisons des verbes,
qui se finit tousiours en ad, *en* ed, *ou en* id, *comme:*
iamàd, andàd, hazéd, coméd: venìd, dezìd: &
aussi tous les autres terminez en d.

Notez toutesfois que lesdits Imperatifs, ie dis les
secondes personnes, se trouuent souuent abregees de la-
dite lettre finale d, *mais pour tout cela, il ne faut pas*

laisser d'y mettre ou faire l'accent, comme vous ver-
rez encor cy deßous, en parlant de la prononciation du
verbes.

En l, *comme,* generàl, animàl, feñàl: miél, hiél,
batél: abril, brafil, candil: caracòl, Efpañòl, ar-
rebòlazùl. *Il y en a qui sont exceptez, comme,* árbol,
cónful, hábil, débil, fértil, frágil, móbil, trébol:
lesquels se prononcent auec accent aigu, sur la premiere
syllabe, comme vous les voyez marquez: & pour mieux
cognoistre l'accent des vns & des autres, il faudra auoir
esgard au nombre plurier, qui mettra ledit accent sur la
mesme syllabe ou vocale que le singulier, se changeant
toutesfois de graue en aigu, comme : generàl, gene-
ráles: animàl, animáles : batèl, batéles: árbol,
árboles: cónful, cónfules: hábil, hábiles, &c. *&*
cecy soit dit pour toutes les autres terminaisons qui
pourroient auoir des exceptions : ce qui sera aßez facile
a cognoistre à ceux qui auront tant soit peu d'intelli-
gence de la langue Latine.

En n, *comme:* faysàn, capitàn, Iuàn: almazén, re-
hén, maftin, hollin, orin: mesòn, coracòn, çur-
ròn, atùn, Sagùn.

I'en ay trouué quelques-vns exceptez, comme sont
òrden, imágen, orîgen, *& quelques autres qui*
cognoistront tous auoir l'accent au plurier nombre, sur
l'antepenultiesme, comme: órdenes, *& non pas,* or-
dénes, *qui seroit vn temps du Conionctif du ver-*
be ordenar.

En r, *comme:* alcaçàr, albeytàr, açucàr, acibàr
albañar, muladàr : *& les noms propres d'hommes*
comme: Gafpàr, Baltasàr, *aussi tous les Infinitifs de*
verbes, comme, amàr, hablàr, hazèr, boluèr, dezir,
morir, &c. mugèr: plazer, añir, albañir. *Ce mot*

mártir *est excepté.* En or, *comme:* amadòr, haze-
dòr, labradòr, oradòr, pecadòr, *et infinis autres.*

En x, *comme:* carcàx, almofrèx, relox, amora-
dùx, *et quelque peu d'autres.*

En z, *comme:* rapàz, capàz, fagàz: axedrèz, jaèz,
vejèz, perdiz, nariz, matiz, arròz, albornòz, Ba-
dajòz, capàz, orosùz.

De ceux-cy font exceptez certains noms, ou plustost
furnoms de familles qui font terminez en az *et en* ez,
còme: Diaz, Aluárez, Núñez, Pérez, Suárez, Gó-
mez, Sánchez, Mártinez, Ródriguez, Bénitez,
Sáyaz, Láynez. *tous lefquels ont l'accent fur la pe-*
nultiefme ou antepenultiefme.

Des dictions qui finiffent en s, *je n'ay trouué des par-*
ties declinables, qui ayent l'accent fur la finale, que
Diòs, *qui eft quafi monofyllabe,* Iesùs, *et* anis, *pour*
Iefus, *il eft indifferent, ayant quelquefois l'accent fur*
la premiere fyllabe, et d'autres fur la derniere.

Ces noms des iours qui font Lunes, Martes, Mier-
colos, Iueues *et* Viernes, *ont l'accent fur la pre-*
miere fyllabe.

Des Indeclinables il en y a plufieurs qui l'ont fur la
penultiefme, comme: ántes, de brúces, agátas, aga-
tillas, afabiéndas, léxos, entoncés. *Quelques-*
vns auffi le mettent fur la derniere, comme: altra-
ués, al reués, defpués, jamàs, *et autres fem-*
blables.

Quant aux maux qui fe terminent en vocales, ils
ont l'accent fort incertain, et fera mal-aifé d'en don-
ner reigle affeuree, toutesfois il en faut dire ce qu'on
pourra.

Il faut premierement noter que fi la diction n'eft
que de deux fyllabes, l'accent qui fera aigu fe fera fur la

premiere, & de celles de trois ou plus, les vnes l'auront sur la penultieme, les autres sur l'entrepenultieme, & seront de ce dernier rang, celles qui ont la vocale i, en la penultieme, deuant ces consonantes c, t, l, s, *comme,* músico, síndico, físico, flemático, colérico, exército, hábito, azéyte, deléyte, aféyte, báyle, fráyle, peráyle, boníssimo, malíssimo, & *en somme tous les superlatifs qui se finissent en* ssimo.

Les noms diminutifs terminez in ico, & ito, *sont exceptez de ceste reigle, ayans l'accent sur la penultiesme, comme :* boníco, chiquíto, & *generalement tous autres diminutifs, de quelques terminaisons qu'ils soyent, comme :* asnillo, cestillo, moçuélo, borrachuélo, & *aussi ceux qui sont du genre feminin.*

Des noms terminez en ia, *les vns ont l'accent sur l'*i, *qui fait la penultiesme syllabe, comme :* alegría, couardía, filosofía, fantasía, policía, alcanzía, porfía, señoría, sangría, valentía, & *autres qui sont, ou naturels Espagnols, ou bien Grecs, car ceux qui sont plus Latins, mettent leur accent sur l'antepenultiesme, ce qui se peut voir en ceux suiuans,* auséncia, blasfémia, cleméncia, doléncia, escória, eficácia, glória, indústria, infámia, injúria. Lazéria *est de ceux cy, encor qu'il ne soit pas Latin.* Académia *en est aussi ;* miséria, memória, rábia, & *plusieurs autres semblables.*

Il y en a tout plein de finis en a *auec vne consone indifferente, qui ont aussi l'accent indifferemment, car les vns l'ont sur la penultiesme, & les autres sur l'antepenultiesme, de la penultiesme i'ay trouué,* alcauála, sepultúra, locúra, cordúra, dispúta, & *autres, de l'antepenultiesme i'ay remarqué,* alcándara, alhón-

diga, pérdida *nom, à la difference du participe femi-*
nin pérdida, *qui suit la reigle de son masculin*. perdido, *ayans l'accent sur la penultiesme, comme l'ont*
aussi tous les autres Participes.

Ces aduerbes acà, allà, acullà, *ont l'accent sur l'afi-*
nal, comme vous les voyez marquez, aussi cet autre,
quiçã, *er semblablement ceux qui sont terminez en* i,
comme, ay, alli, aqui, *auec leurs composez.* Marauedi,
er çaquiçami, *noms, suiuent la mesme reigle.*

Quant aux noms terminez en io, *i'y trouue autant*
de difficulté qu'aux autres, car aucuns ont l'accent sur
l'i: comme, aluedrío, desafío, desuarío, estío, be-
stío, Iudío, nauío poderío, rocío, señorío, som-
brío, vazío, embío *verbe, er quelques autres que*
les diligens pourront noter.

D'autres accentuent l'antepenultiesme, comme, adul-
tério, agráuio, almário, aduersário, boticário,
bárrio. contrário, pátio, précio, *nom er verbe,*
menosprécio, palácio, Saltério, Porfirio, Augú-
rio, Tugúrio, Glório *verbe, er plusieurs autres.*

Il s'en trouue de ces terminez en o, *aussi bien des*
differens que de ceux en a, *comme,* tabernáculo, bá-
culo, ostáculo, hígado, *lesquels ont l'accent sur l'an-*
tepenultiesme, er d'autres l'ont sur la penultiesme,
comme, tauarnéro, hornéro, harnéro, *lesquels se*
pourront discerner auec tant soit peu de iugement.

Quelques particules terminees en e *font l'accent*
sur icelny, comme, aunqué, dadoqué, puesqué, por-
qué, *er generalement en toutes dictions qui ont* e *fi-*
nal, on le prononce comme nostre e *masculin, ou fort peu*
different: Toutesfois il faut noter qu'il y a des pro-
nonciations de porque, *lesquelles par consequent se*
doiuent recognoistre par la signification, l'vne est auec

l'accent sur l'e, & lors il est Interrogatif, l'autre le
met sur la premiere syllabe por, & signifie, car, ou parce que.

Voila ce que i'ay peu remarquer touchant les noms:
quant aux verbes, il pourroit suffire de ce que nous en
auons monstré és Coniugaisons d'iceux, ayant tasché de
mettre des accents où ils sont le plus requis: toutesfois
ce ne sera mal fait d'en repeter encor icy quelque chose,
d'autant qu'és liures ils se trouuent rarement accen-
tuez, & est necessaire d'entendre la langue Espagnolle
deuant que de la pouuoir prononcer.

Nous auons desia dit que tous les Infinitifs des verbes ont l'accent graue sur la derniere, comme, amàr,
hablàr, podèr, dezir, morir, &c.

La premiere & troisiesme personnes singulieres du
passé parfait de l'Indicatif, ont l'accent sur la derniere
syllabe, côme, y o amè, aquel amò: yo enseñè, aquel
enseñò: yo perdì, aquel perdiò.

Excepté quelques-vns qui ont la penultiesme longue,
comme font, húue, húuo, de hauer: hize, hizo, de
hazer: andúue, andúuo, de andar: púde, púdo, de
poder: dixe, dixo, de dezir: túue, túuo, de tener:
estúue, estúuo, de estar, trúxe, trúxo, de traer: súpe, súpo, de saber: vine, vino, de venir: & cupe,
cupo, de caber: quise, quiso, de querer, púse &
púso de poner, & quelques autres que l'vsage ensei-
gnera.

Au futur de l'indicatif, les trois personne du singulier, & la troisiesme du plurier ont l'accent graue sur la
finale, comme, amaré, amoriàs, amarà, amaràn: harè, haràs, harà; haràn; dirè, diràs, dirà; diràn, &
tous les autres. Et quant à la premiere & seconde personnes du plurier, elles l'auront sur la penultiesme, &

*fera aigu, d'autant qu'elles s'augmentēt quaſi touſiours d'vne ſyllabe, cōme:*amarémos, amaréys, harémos, haréys, dirémos, diréys, &c.

En parlant du d final, i'y auois comprins la ſecōde perſonne du plurier de l'Imperatif qui finit touſiours en icelay, raiſon pourquoy ſe fait l'accent graue ſur la derniere d'icelle, comme : amàd, hazéd, comèd, venid, &c. Mais il eſt à noter que les Eſpagnols en parlant ordinairement ne font point ſonner ledit d, laiſſant toutesfois l'accent ſur la vocale qui la precede, cōme : amà, hazè, comè, dezi, au lieu de amad, hazed, comed, dezid, &c. Excepté Oyd. qui ne perd iamais le d.

L'Imparfait de l'Indicatif, Optatif, & Coniōtif, & le Plus que parfait des deux derniers, auſsi le Futur du Conionctif, au nombre ſingulier, ont touſiours l'accent aigu ſur la penultieſme, en toutes les trois perſonnes, & au plurier en la premiere & ſeconde, ſur l'antepenultieſme, comme pour l'Indicatif; amáua, amáuas, amáuà, amáuamos, amáuades, amáuan. Pour l'Opt. & Coni. amáſſe, amáſſes, amáſſe; amáſſemos, amáſſedes, amáſſen. Item, amára, amáras, amára, amáramos, amárades, amáran. Pour le Futur : amaré, amáres, amáre, amáremos, amáredes, amáré. Ceſte ſeconde pluriere du Futur s'abrege fort ſouuent par ſincope, comme pour amáredes, ſe met amárdes, retenant toutesfois l'accent ſur ſa ſeconde ſillabe: en fin l'on peut facilement cognoiſtre, que là où l'accent ſe met au ſingulier il ſe trouue au plurier, c'eſt à dire, ſur meſme vocale, ſoit qu'il y ait addition de ſyllabe ou non.

Il faut encor dire pour concluſion, qu'il y a certains noms & verbes, qui ont grande affinité quant à l'eſcriture, & neantmoins ſont differés en pronōciatiō cōme: Magnifico, magnifica, magnificos, magnificas,

qui estans noms se proferent auec l'accent sur l'antepenultiesme, Mais magnifico, magnificas, magnifica, verbe, a ledit accent sur la penultiesme, & tout le
mesme sera de plusieurs autres qui ont ceste affinité.

En somme voila ce que le temps m'a
permis de recueillir, priant les Lecteurs,
de m'aduertir amiablement des fautes
qu'ils recognoistront en ce petit ramas, &
prendre en gré la bonne volonté que i'ay
euë, & auray tousiours de mieux faire.
Adieu.

F I N.